综合交通运输理论丛书

中欧陆海快线跨国供应链

姜彩良　孙可朝　纪寿文　编著

人民交通出版社
北京

内 容 提 要

本书以中欧陆海快线为研究对象,以中欧陆海快线跨国供应链发展现状及适用条件的分析为前提,介绍了中欧陆海快线发展现状和需求分析、跨国供应链控制塔技术、信息系统对接和数据交换、货物信息实时跟踪、多式联运组织方案优化等内容,以及在中欧陆海快线企业进行的示范应用。

本书可供从事国际货运运输经营、科研的人员使用,也可供交通运输、交通工程等专业在校师生学习参考。

图书在版编目(CIP)数据

中欧陆海快线跨国供应链 / 姜彩良,孙可朝,纪寿文编著. —北京:人民交通出版社股份有限公司,2024.12

ISBN 978-7-114-18304-1

Ⅰ. ①中… Ⅱ. ①姜… ②孙… ③纪… Ⅲ. ①国际运输—货物运输—物流—供应链管理—研究—中国、欧洲 Ⅳ. ①F511.41

中国版本图书馆 CIP 数据核字(2022)第 194921 号

Zhong-Ou Lu-Hai Kuaixian Kuaguo Gongyinglian

书　　名:	中欧陆海快线跨国供应链
著 作 者:	姜彩良　孙可朝　纪寿文
责任编辑:	张维青　朱明周
责任校对:	赵媛媛　魏佳宁
责任印制:	刘高彤
出版发行:	人民交通出版社
地　　址:	(100011)北京市朝阳区安定门外外馆斜街 3 号
网　　址:	http://www.ccpcl.com.cn
销售电话:	(010)85285857
总 经 销:	人民交通出版社发行部
经　　销:	各地新华书店
印　　刷:	北京印匠彩色印刷有限公司
开　　本:	787×1092　1/16
印　　张:	10.5
字　　数:	246 千
版　　次:	2024 年 12 月　第 1 版
印　　次:	2024 年 12 月　第 1 次印刷
书　　号:	ISBN 978-7-114-18304-1
定　　价:	90.00 元

(有印刷、装订质量问题的图书,由本社负责调换)

编 委 会

主　任：姜彩良　孙可朝　纪寿文

副主任：张　宇　王显光　袁　瑜　贺明光

成　员：曹　阳　陈　磊　杜庭刚　韩继国　黄大雷

　　　　李葆青　梁科科　刘　盛　刘文文　刘振国

　　　　买媛媛　孙家岳　宋一迪　田春林　田　晖

　　　　汪　健　王天昀　谢　银　章　凯　杨陈颖

　　　　Arrianos Gkikas（希腊）

　　　　Ayfantopoulou（希腊）

　　　　Elpida Xenou（希腊）

　　　　Georgia Athanasios Giannopoulos（希腊）

　　　　Margarita Matsouliadou（希腊）

前　言

构建畅通高效、安全稳定、支撑有力的国际物流供应链体系，提高国际物流供给效率和服务水平，对加快资源要素在更大范围高效流动、推动我国更好参与全球产业分工合作、提升国家整体竞争力意义重大。中欧陆海快线是指中国货物在希腊比雷埃夫斯港上岸，经过铁路前往中东欧，或中东欧的出口货物在比雷埃夫斯港上船前往中国的全程供应链路线。

本书以中欧陆海快线跨国供应链为研究对象，以跨国供应链协同信息系统对接和数据交换、基于物联网的跨国供应链货物信息实时跟踪技术、跨国供应链多式联运组织方案优化技术及应用为重点，深入分析了中欧陆海快线跨国供应链控制塔、信息系统协同对接、货物实时跟踪、多式联运组织方案优化等技术，并在典型企业进行了示范应用。

在本书编写过程中，得到了中远海运物流有限公司、北京交通大学、中远海运科技(北京)有限公司等多家单位的支持，也得到了希腊交通研究院(HIT)、泛欧交通发展及信息技术咨询公司(TREDIT)、比雷埃夫斯集装箱码头有限公司(PCT)的帮助，在此一并表示感谢。

本书对推动中欧陆海快线发展、提高物流运输效率、扩大中欧贸易规模具有重要意义，可有效缩短中欧间物流运输时间，促进区域通关便利化和互联互通，为"一带一路"倡议注入新活力。

由于作者水平有限，书中不足和疏漏之处在所难免，欢迎读者批评指正。

作　者
2022 年 7 月

目　录

第1章　概述 001
1.1　发展背景 001
1.2　运营现状 002
1.3　建设中欧陆海快线的意义 003

第2章　中欧陆海快线发展现状和需求分析 005
2.1　中欧贸易发展现状 005
2.2　中欧货物运输方式 009
2.3　中欧运输通道路径分析 010
2.4　中欧陆海快线发展现状 014
2.5　中欧陆海快线市场需求 018

第3章　中欧陆海快线跨国供应链控制塔技术 021
3.1　供应链控制塔基本理论 021
3.2　供应链控制塔技术发展方向 023
3.3　跨国智慧供应链控制塔作用 028
3.4　跨国供应链控制塔应用实例 029

第4章　中欧陆海快线跨国供应链协同信息系统对接和数据交换 037
4.1　系统对接和数据交换需求分析 037
4.2　希腊SMART-CORRIDORS平台 041
4.3　中远海运物流有限公司电子产品物流管理系统 045
4.4　跨国供应链系统数据交换技术分析 053
4.5　系统对接和数据交换示范应用 059

第5章　中欧陆海快线货物信息实时跟踪 079
5.1　货物信息追溯相关理论基础 079
5.2　中欧陆海快线跨国供应链信息追溯流程分析 082
5.3　信息追溯模型和算法 095
5.4　跨国供应链追溯体系设计 103

5.5 跨国供应链追溯实例 ……………………………………………………… 111

第 6 章 中欧陆海快线多式联运组织方案优化 ……………………………… 123
6.1 多式联运网络分析 ………………………………………………………… 123
6.2 多式联运路线优化建模与求解 …………………………………………… 134
6.3 多式联运路线优化实例分析 ……………………………………………… 144

第 7 章 总结与展望 …………………………………………………………… 158
7.1 研究总结 …………………………………………………………………… 158
7.2 前景展望 …………………………………………………………………… 158

第1章 概 述

1.1 发展背景

"中欧陆海快线"起源于2013年11月时任国务院总理李克强在罗马尼亚的加勒斯特出席第二次中国—中东欧国家领导人会晤时,与匈牙利总理欧尔班、塞尔维亚总理武契奇达成一致,共同改造升级匈塞铁路❶。

狭义的中欧陆海快线是在匈塞铁路基础上修建的南起希腊比雷埃夫斯港、北至匈牙利布达佩斯的铁路线路,是匈塞铁路的延长和升级。广义的中欧陆海快线是指中国货物在比雷埃夫斯港上岸,经过欧洲铁路前往中东欧,或中东欧的出口货物在比雷埃夫斯港上船前往中国的运输通道。本书研究的是广义上的中欧陆海快线。

2019年11月10日,习近平总书记在希腊访问期间,在希腊《每日报》发表署名文章,提出"充分利用希腊区位和海运能力优势,把握希腊加入中国—中东欧国家合作机制的机遇,积极推进中欧陆海快线等务实合作,助力中欧互联互通平台发展,做中欧合作的典范"❷。2014年6月,时任国务院总理李克强在考察中国远洋海运集团有限公司比雷埃夫斯港集装箱码头时指出,把比雷埃夫斯港打造成中希、中欧合作的明珠❸。2018年7月,第七次中国—中东欧国家领导人会晤签署的《中国—中东欧国家合作索非亚纲要》中,提出支持加强中欧陆海快线通关便利化合作、提升跨境运营效率、缩短跨境等候时间❹。

据初步统计,中欧贸易80%的货物通过海运运输,主要航线是马六甲海峡—孟加拉湾—印度洋—曼德海峡—红海—苏伊士运河—地中海,再经过地中海的希腊、意大利和西班牙的港口,穿过直布罗陀海峡,同德国、荷兰等国相连,通常需耗时35~42d。中欧陆海快线经由希腊比雷埃夫斯港中转,速度、时间较汉堡港/鹿特丹港/科佩尔港具有显著优势。亚洲各主要港口途经比雷埃夫斯港路径比途经汉堡港(欧洲第二大集装箱港)路径可节约8~10d。

目前,从比雷埃夫斯港到欧洲主要国家的铁路基础设施还有较大提升空间。根据中国、

---

❶ 《李克强在中国—中东欧国家领导人会晤时的讲话(全文)》,来源:中国政府网(https://www.gov.cn/ldhd/2013-11/27/content_2535711.htm)。
❷ 《让古老文明的智慧照鉴未来——习近平在希腊媒体发表署名文章》,来源:中国政府网(https://www.gov.cn/gongbao/content/2019/content_5456800.htm)。
❸ 《李克强考察中远比雷埃夫斯集装箱码头》,来源:中国政府网(https://www.gov.cn/guowuyuan/2014-06/21/content_2705386.htm)。
❹ 《中国—中东欧国家合作索非亚纲要(全文)》,来源:中国政府网(https://www.gov.cn/guowuyuan/2014-06/21/content_2705386.htm)。

匈牙利、塞尔维亚、北马其顿四国签署的有关合作建设中欧陆海快线北段匈塞铁路的谅解备忘录❶，未来改造后的匈塞铁路将提速到 200km/h，并将匈塞铁路延伸到比雷埃夫斯港，直接辐射人口达 3200 多万，可为中国对欧洲出口商品和欧洲商品输华缩短大量的时间。中欧陆海快线作为"海上丝绸之路"的一部分，可为中国对欧洲出口商品和欧洲商品输华开辟一条新的便捷通道。

1.2 运营现状

中欧陆海快线目前由中国远洋海运集团有限公司运营，其下属的中远海运物流有限公司、中远海运集装箱运输有限公司和中远海运（欧洲）有限公司积极参与。其中，中远海运物流有限公司在我国 30 个省、自治区、直辖市及海外 17 国家和地区设立了分支机构，在全球范围内拥有 500 多个销售和服务网点，形成了遍及中国、辐射全球的服务网络系统。为响应"一带一路"倡议，中远海运物流有限公司自 2017 年初协同各区域公司积极开展中欧陆海快线营销工作，实行汇总报送制度，及时解决当前问题并梳理近期工作计划，设立揽货目标及相应的奖惩机制，为促进中欧陆海快线的发展提供了良好的运营环境。

中欧陆海快线 2017—2021 年货运量分别达到 3.9 万标准箱、5.0 万标准箱、8.1 万标准箱、12.0 万标准箱、15.3 万标准箱（图 1-1），年均增长率达 40%；其中，2021 年共发出专列 325 列、班列 1947 列。

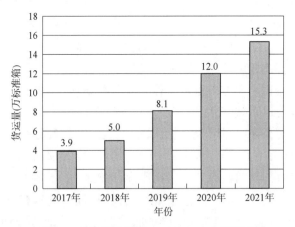

图 1-1　中欧陆海快线 2017—2021 年货运量

希腊比雷埃夫斯港地处陆海交汇点，港区内连通匈塞铁路，可直达中东欧腹地，是"21 世纪海上丝绸之路"通往中东欧的门户，是中欧陆海快线登陆欧洲后的第一个关键节点，在"一带一路"中扮演着枢纽港角色。比雷埃夫斯集装箱码头公司（PCT）是中远海运港口有限公司 100% 控股的全资子公司，是中国企业在海外拥有的第一个全资集装箱码头。2016 年 4 月，中

---

❶《李克强：中匈塞合建铁路打造亚欧海陆新通道》，来源：中国政府网（https://www.gov.cn/xinwen/2014-12/18/content_2793443.htm）。

国远洋海运集团有限公司收购比雷埃夫斯港港务局67%的股权,签订了为期35年的特许经营权协议。2019年,比雷埃夫斯港实现集装箱吞吐量565万标准箱,集装箱吞吐量全球排名从并购时的第93位跃升至第32位,2020年和2021年集装箱吞吐量分别是543万标准箱、531.18万标准箱,跃升地中海第一大港口、欧洲第四大港口,成为全球发展较快的集装箱港口之一。在比雷埃夫斯港项目中,有15名中方员工和约3000名希腊员工,为当地间接创造就业岗位8000多个❶。

2017年12月,中国远洋海运集团有限公司在希腊注册成立陆海快线有限公司(OceanRail Logistics),是为开展平台集约化管理成立的全资公司,其中中远海运(欧洲)有限公司投资占比为40%,中远海运集装箱运输有限公司和中远海运物流有限公司投资占比各为30%。陆海快线有限公司旨在整合中欧陆海快线沿途资源和基础设施,进一步向市场推广、营销中欧陆海快线相关的多式联运物流服务。

陆海快线有限公司已完成对比雷埃夫斯欧亚铁路物流公司(PEARL)的收购,获得了欧洲的铁路运营资质。中欧陆海快线公司计划与奥地利铁路货运公司等多个企业达成协议,收购匈牙利BLLK铁路场站15%的股权,共同拓展中东欧和巴尔干地区物流市场。

1.3 建设中欧陆海快线的意义

1.3.1 服务"一带一路"建设,促进中欧互联互通

中欧陆海快线作为"一带一路"倡议的重点建设项目,以希腊比雷埃夫斯港为节点,发展亚欧间远洋海运以及中东欧铁路运输。通过加强对中欧陆海快线欧洲铁路段沿途基础设施的建设,提升中欧陆海快线铁路段运输能力,加速实现我国与欧洲人员、商品、企业、资金、技术的往来交流,增进当地就业水平,加深我国和中欧陆海快线沿途国家的关系,具有重大的社会、经济效益。与希腊合作运作中欧陆海快线跨境全过程跨国物流供应链,有利于提升以比雷埃夫斯港为核心枢纽港的"一带一路"陆海联运网络效率,提高中欧陆海快线物流大通道的运输效率,吸引更多的货源,提升沿线各国物流水平,进一步推动互联互通。

1.3.2 促进国内技术进步,提高在国际技术标准制定领域的话语权

以技术与人文交流形式开展国际合作研究,引进国际领先技术,将为跨境全过程系统对接、数据交换和跨境供应链物流网络优化等提供广阔的平台,有利于进一步带动国内的技术进步,推动我国多式联运与综合运输进一步跨越式发展。通过在中欧陆海快线应用和推广区块链、控制塔等先进理念和技术,将有助于中国装备、中国技术和中国标准走出去,提升我国在装备制造、技术标准等方面的国际影响力。

---

❶《中希共建比港,带动区域经济发展》,来源:人民网(http://world.people.com.cn/n1/2018/0924/c1002-30309954.html)。

1.3.3 扩大中欧贸易规模,提高物流运输效率

中欧陆海快线的推进,使"21世纪海上丝绸之路"与"丝绸之路经济带"实现有效对接,将拓展中国到中东欧并经中东欧连接欧洲各国的货物运输通道,大大缩短中欧之间的货物运输时间,极大地便利双边贸易合作。同时,中欧陆海快线将为中东欧国家参与"一带一路"建设提供有吸引力的样板,构建往来频繁的商贸和物流圈,促进中国与该地区经济互利共赢、共同发展。中欧陆海快线旨在打造中国对欧洲出口商品和欧洲商品输华的快捷运输走廊,有助于扩大中欧贸易规模,提高物流全过程的信息化水平,降低中欧间的物流运输成本,吸引国内外越来越多的物流企业参与其中。

第 2 章　中欧陆海快线发展现状和需求分析

2.1　中欧贸易发展现状

欧盟和中东欧是两个不同的概念,但都与中欧陆海快线密切相关。中东欧 17 国❶中有 12 个是欧盟成员国,但它们与中国的贸易、产业联系呈现很大的不同。

2.1.1　中国与欧盟间的贸易

欧盟是世界上最大的经济体之一。中国是欧盟 2021 年第三大出口目的地和最大的进口伙伴。从趋势上看,中国与欧盟的经贸合作将继续为世界经济复苏和增长注入强劲动力。中国与欧盟的进出口贸易额情况见图 2-1。

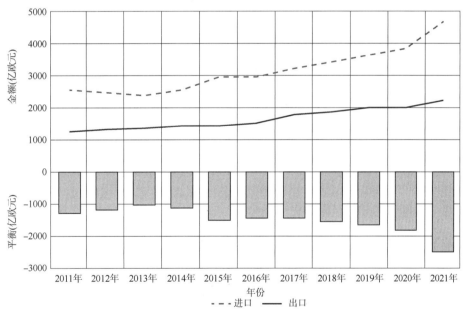

图 2-1　中国与欧盟的进出口贸易额统计(2011—2021 年)

数据来源:商务部。

---

❶ 中东欧 17 国指波兰、捷克、斯洛伐克、匈牙利、斯洛文尼亚、克罗地亚、波黑、塞尔维亚、黑山、罗马尼亚、保加利亚、阿尔巴尼亚、北马其顿、爱沙尼亚、拉脱维亚、希腊和立陶宛。中东欧 17 国北起波罗的海,南至地中海,与土耳其接壤,东邻俄罗斯、白俄罗斯、乌克兰等国,西接德国、奥地利、意大利。中东欧国家地处欧亚大陆要冲,是通向西欧和北欧的重要中转站,区位优势突出,自然禀赋丰厚。

在进出口方面,欧盟与中国的贸易额增长最快,其与传统贸易伙伴的贸易额增长速度普遍要慢得多(图2-2)。

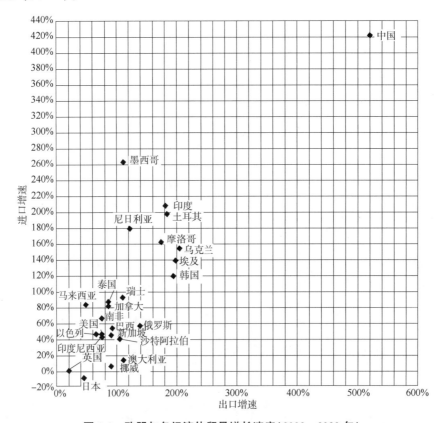

图2-2 欧盟与各经济体贸易增长速度(2002—2020年)

就欧盟与中国的货物进出口而言,"机械和车辆""化学品""其他制成品"占主导地位。2020年,"机械和车辆"以及"其他制成品"占中国对欧盟出口商品总额的90%以上,也占2020年中国从欧盟进口总额的87%。

2.1.2 中国与中东欧国家的贸易

从"一带一路"建设的角度考虑,中东欧是欧亚大陆互联互通的重要枢纽,也是"一带一路"倡议融入欧洲经济圈的重要承接带。相较欧洲其他地方,中东欧国家作为新兴市场,在互联互通和能源投资等领域潜力巨大。中东欧国家能与中国形成优势互补,进一步推动各国经济社会发展,同时有助于促进欧洲一体化进程。

中国与中东欧国家合作以机制建设为基础,双方关系不断深化拓展,呈现出越来越旺盛的生命力和强大的吸引力。2012年4月,中国与中东欧14国领导人在华沙作出了加强中国—中东欧国家合作的战略决策,开创了中国与中东欧国家合作的新局面❶。2013年11月,

---

❶《中国与中东欧国家领导人会晤新闻公报》,来源:中国政府网(https://www.gov.cn/ldhd/2012-04/26/content_2124347.htm)。

中国与中东欧国家联合发表《中国—中东欧国家合作布加勒斯特纲要》,为中国与中东欧国家规划了合作的蓝图❶。2014年12月,第三次中国—中东欧国家领导人会晤在贝尔格莱德举行,将双方合作推向了新高度❷。近年来,中国与中东欧国家以机制建设为基础,在经贸、金融、基础设施建设等领域进行了富有成效的合作,引起世界的广泛关注。

2020年,中国与中东欧17国贸易额达到1034.5亿美元,首次突破千亿美元,增长8.4%,高于同期我国对外贸易额增幅和中欧贸易额的增幅❸。中国—中东欧国家合作机制建立以来,中国与中东欧17国贸易年均增速达8%,是中国对外贸易额增速的3倍以上,是中国与欧盟贸易额增速的2倍以上❹(图2-3)。截至2020年底,中国累计对中东欧17国全行业直接投资31.4亿美元,涉及能源、矿产、基础设施、物流、汽车零配件等领域。同期,中东欧17国累计对华投资17.2亿美元❺。基于促进经济发展和社会进步、推动世界和平稳定的共识,双方建立对话和合作机制,从共同利益出发进行总体设计,分领域打造"17+1"利益共同体,最终实现互利共赢、共同发展。

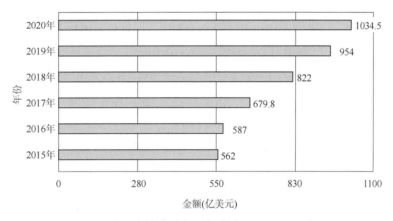

图2-3 中国与中东欧贸易额统计(2015—2020年)

数据来源:商务部。

据中国海关统计,2021年中国与中东欧国家双边贸易总值为8630.6亿元,比2020年增长23.3%,其中,中国对中东欧出口6421.4亿元(增长25.1%),中国自中东欧进口2209.2亿元(增长18.3%),见图2-4;中国与中东欧双边贸易中,主要出口商品为机电产品和劳动密集型产品,主要进口商品为机电产品、铜材和木制品等,波兰、捷克、匈牙利为中国的前三大贸易伙伴❻。在中国—中东欧国家领导人峰会上,中方提出计划2021—2025年从中东欧国家累计进口价值1700亿美元以上的商品,争取实现2021—2025年中国从中东欧国家的农产品进口

---

❶ 《中国—中东欧领导人会晤发表国家合作布加勒斯特纲要》,来源:中国—中东欧国家合作秘书处网站(http://www.china-ceec.org/ldrhw/2013bjlst/tpxw/201610/t20161029_6809706.htm)。
❷ 《李克强在第三次中国—中东欧国家领导人会晤时的讲话》,来源:中国政府网(https://www.gov.cn/guowuyuan/2014-12/17/content_2792755.htm)。
❸❹❺ 《我国与中东欧17国贸易额首超千亿美元》,来源:中国政府网(https://www.gov.cn/xinwen/2021-02/04/content_5584958.htm)。
❻ 《2021年中国与中东欧国家双边贸易简况》,来源:中国—中东欧国家海关信息中心网站(https://www.cceeccic.org/237302247.html)。

额翻番,双方农业贸易额增长50%❶。

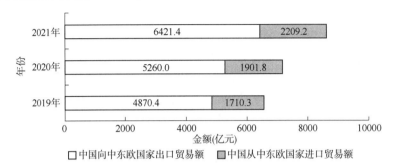

图 2-4　2019—2021 年中国与中东欧双边贸易情况
数据来源:商务部。

此外,值得注意的是,2019 年,在中国占中东欧国家从非欧盟国家进口中间产品份额较高且国际形势复杂的背景下,中国与中东欧贸易额保持了稳健增长(图 2-5、图 2-6),这意味着中国和中东欧国家的合作完善了中东欧国家的供应链体系,使其能够更多地参与全球制造。

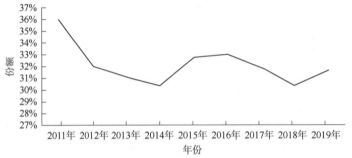

图 2-5　中国占中东欧国家从非欧盟国家进口中间产品份额(2011—2019 年)
数据来源:商务部。

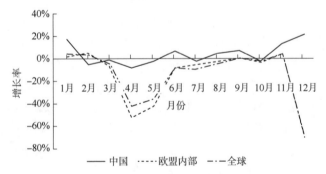

图 2-6　中东欧国家进口中间产品同比增长率(2020 年)
数据来源:商务部。

在政府层面,定期进行领导人会晤为双方合作制定原则和发展战略,定期举办经贸促进

---

❶ 《习近平在中国—中东欧国家领导人峰会上的主旨讲话(全文)》,来源:中国政府网(https://www.gov.cn/xinwen/2021-02/09/content_5586359.htm)。

部长级会议研究,解决双边合作中出现的问题。目前,中国—中东欧国家合作的日常管理主要通过国家协调员会议进行;中国设立了合作秘书处,负责沟通、协调双方合作事宜、筹备领导人会晤和经贸论坛、落实有关成果、处理日常事务和公布信息❶。在经贸领域,中国与中东欧国家近年来签署了多项合作协定,包括投资保护和避免双重征税协定。在2013年中国—中东欧国家地方领导人重庆会议上,中国—中东欧国家合作的100亿美元专项贷款项目已经启动❷。2014年9月,中国与中东欧国家建立了投资促进机构联系机制,双方共开展了数十项合作与交流项目,以加强各方在高科技、新能源、物流和基础设施建设等领域的产业合作。

在民间层面,通过智库研讨会、民间团体访问等形式,引入社会和市场力量,为民间团体、企业和个人搭建了展示的平台,促进中国与中东欧国家开展合作。双方在不同领域设立了多样的沟通机制,如中匈塞交通基础设施合作联合工作组、中国—中东欧国家高级别智库研讨会、中国—中东欧国家地方省州长联合会、中国与中东欧青年政治家论坛等❸,双方通过建设高级别智库研讨会、旅游合作高级别会议、高校联合会、国家教育政策对话等平台,推动文化交融。

2.2 中欧货物运输方式

2.2.1 中国与欧盟间主要货物运输方式

2011—2020年中国与欧盟间各运输方式的货物附加值见图2-7。

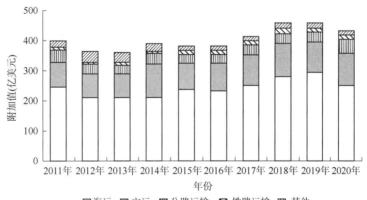

图2-7 2011—2020年中国与欧盟间各运输方式货物附加值

数据来源:商务部。

---

❶ 《中国—中东欧国家合作》,来源:外交部网站(https://www.fmprc.gov.cn/wjb_673085/zzjg_673183/xos_673625/dqzz_673633/zgzdogjhz/gk_673651/)。

❷ 《李克强在中国—中东欧国家领导人会晤时的讲话(全文)》,来源:中国政府网(https://www.gov.cn/ldhd/2013-11/27/content_2535711.htm)。

❸ 《中国—中东欧国家合作贝尔格莱德纲要》,来源:中国政府网(https://www.gov.cn/xinwen/2014-12/17/content_2792517.htm)。

总体而言,中国与欧盟间货物运输以海运为主,空运和铁路货值明显上升,其他运输方式波动较大。2020 年,受英国脱欧等因素影响,中国对欧盟出口受到影响,但在 2021 年有所回升。

未来,中国与欧盟贸易货物附加值越来越高,对安全性和及时性的要求越来越高。由于中欧班列运输的货物主要是工业制成品和消费品,需要延伸供应链服务,应加强更符合中间产品运输需求的多式联运便利化服务。而目前中国与欧盟的中间产品运输仍以传统运输为主,有待进一步探索组织效率更高的海铁联运方式。在可靠性方面,航运受基础设施、地缘政治、边境管制和关税问题的影响较小,而铁路运输受气候环境的影响较小。国际环境在很大程度上会影响中国与欧盟间货物运输路径的选择。

2.2.2　中国与中东欧国家间主要货物运输方式

在运输方式方面,中国与中东欧国家间货物运输以海运为主。2019 年、2020 年,匈牙利、斯洛文尼亚、保加利亚、立陶宛、波兰同中国分方式运输货物附加值增长量见图 2-8。

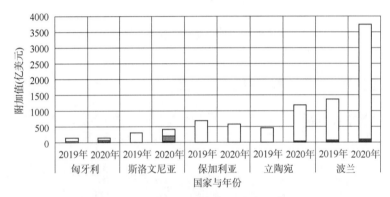

图 2-8　匈牙利、斯洛文尼亚、保加利亚、立陶宛、波兰同中国分方式运输货物附加值增长量
数据来源:商务部。

从对接全球供应链的角度看,中国部分产品关税的取消、中欧交通走廊的建设使中东欧国家从中获益良多,其对外贸易特别是对华贸易强度显著提升,中国已逐步成为中东欧地区稳定的重要中间产品进口来源国。从中间产品的特点和在供应链中的地位来看,以海运为主体的运输走廊将在很长一段时间内占据供应链服务的主导地位;公路作为最灵活的交通方式,在其他路线受到强烈限制的情况下,可以起到补充作用。同样,国际局势和生态环境在很大程度上会影响中国与中东欧国家间货物运输路径的选择。

2.3　中欧运输通道路径分析

2.3.1　中欧货物运输组织方式

中欧货物运输组织方式有传统航线、中欧陆海快线、中欧班列、北极航线、国际公路运输和航空运输。

2.3.1.1 传统航线

传统的中国—欧洲海运路线从中国沿海各主要港口（如深圳、广州、厦门、宁波、上海、青岛、天津、大连等）出发，先往西南走，经过马六甲海峡，再往西跨过印度洋，到达亚丁湾，进入红海，经过苏伊士运河，到达地中海沿岸国家，经过直布罗陀海峡，到达英国、德国、北欧诸国等。

直布罗陀海峡位于西班牙最南部和非洲西北部之间；最窄处在西班牙马罗基角和摩洛哥西雷斯角之间，宽度仅有14km。直布罗陀海峡是连接地中海和大西洋的重要门户，沿岸有直布罗陀、阿尔赫西拉斯和休达等港口。直布罗陀海峡是沟通地中海和大西洋的唯一海洋通道，和地中海一起构成了欧洲和非洲之间的天然分界线。1869年苏伊士运河通航后，尤其是波斯湾的油田得到开发之后，它的战略地位更加重要，成为西欧能源运输的"生命线"。

传统航线单位运量完税交货价约为15.0美元/t（2022年3月货代报价）。

2.3.1.2 中欧陆海快线

中欧陆海快线依托传统航线，从中国沿海各主要港口（如深圳、广州、厦门、宁波、上海、青岛、天津、大连等）出发，先往西南走，经过马六甲海峡，再往西跨过印度洋，到达亚丁湾，进入红海，经过苏伊士运河，在希腊比雷埃夫斯港上岸，后依托匈塞铁路延长线前往中东欧；或中东欧的出口货物在比雷埃夫斯港上船，前往中国。

该线路单位运量完税交货价约为17.0美元/t（2022年3月货代报价），且运输时间比传统航线节约8~10d。

2.3.1.3 中欧班列

中欧班列是指按照固定车次、线路等条件开行，往来于中国与欧洲及"一带一路"沿线各国的集装箱国际铁路联运班列。有西、中、东共3条中欧班列通道：

①西部通道由我国中西部经阿拉山口（霍尔果斯）出境。
②中部通道由我国华北地区经二连浩特出境。
③东部通道由我国东南部沿海地区经满洲里（绥芬河）出境。

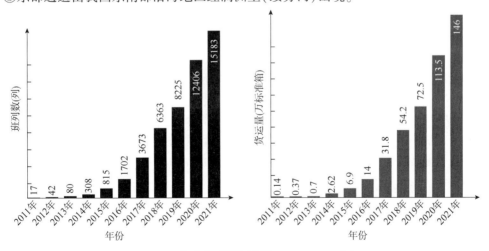

图2-9 中欧班列历年运量（2011—2021年）

数据来源：推进"一带一路"建设工作领导小组办公室、中国国家铁路集团有限公司，《中欧班列发展报告（2021）》。

2011年,首趟中欧班列——"渝新欧"从重庆出发。2019年,铁路合作组织和国际铁路货物运输政府间组织将运输单据统一为"国际货约/国际货协运单",自此中欧班列全程只需一张运单。2017年4月,在"一带一路"国际合作高峰论坛上,中国、白俄罗斯、德国、哈萨克斯坦、蒙古国、波兰、俄罗斯七国铁路部门签署了《关于深化中欧班列合作协议》。2019年,中欧班列开行8225列(同比增长29%),发运72.5万标准箱(同比增长34%),综合重箱率达到94%。

2.3.1.4 北极航道

北极航道通常指穿越北冰洋、连接太平洋和大西洋的航线。同样是连接亚太与欧洲、北美地区,穿越北冰洋的北极航道航行距离比目前常用的穿越印度洋以及太平洋的航道要短得多,平均可以缩短20%~40%,因此拥有包括航行时间短、成本低等重要优势。

2.3.1.5 国际公路运输

从事中欧国际公路运输的企业和运输路线有很多,一般依托欧亚各国的主干道和中欧两端广泛的配送公路网进行运营。它的特点是门到门和路径灵活,但是运力小、运费高。

国际公路运输受到《国际道路运输公约》(TIR公约)的制约。TIR公约适用于无须中途换装的情况下用公路运输车辆、车辆组合或集装箱运输货物,跨越一个缔约方起运地海关与同一或另一缔约方目的地海关之间的一个或多个边界。TIR公约规定采用TIR程序运载的货物无须向沿途海关支付或交存进出口税费,一般不受沿途海关的检查。

当其他路线因不可抗力受阻时,国际公路运输是一个备用选项。中俄共同推动的子午线高速公路改道是典型的公路运输改善方案,对于中国与里海国家之间的道路运输具有重要意义。

2.3.1.6 航空运输

航空运输路线包括中国直飞欧洲的航班和经过中东中转的航班。

中欧航空运输单位运量完税交货价约为3.7美元/kg。

2.3.2 运输效率对比

2.3.2.1 运输时间

中欧陆海快线建设并投入运营后,经希腊比雷埃夫斯港开展海铁联运,中国货物抵达欧洲目的地的时间为28~31d,比传统海运航线节约8~10d,比科佩尔港(斯洛文尼亚第一大港)路径节约3~6d。以上海港为例,比雷埃夫斯港路径相对于汉堡港路径和科佩尔港路径分别节约了10d和3d的海运时间。图2-10显示了上海、宁波、香港、盐田、南沙、蛇口等港口到比雷埃夫斯港、科佩尔港、汉堡港的航行时间的对比。

从铁路运输来看,目前从比雷埃夫斯港到欧洲主要国家的铁路基础设施还有提升潜力,以连接匈牙利首都布达佩斯与塞尔维亚首都贝尔格莱德的匈塞铁路为主,目前运行速度为40~60km/h,全长约350km。从比雷埃夫斯港到达中东欧国家的铁路运输时间见表2-1。根据中国、匈牙利、塞尔维亚、北马其顿四国签署的合作建设中欧陆海快线北段匈塞铁路的谅解备忘录,改造后的铁路将提速到200km/h,并将匈塞铁路延伸到比雷埃夫斯港,可为中国对欧洲出口商品和欧洲商品输华缩短大量的时间。

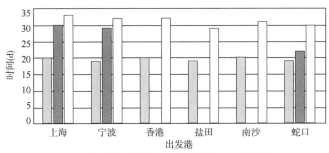

图 2-10　典型港口到比雷埃夫斯港、科佩尔港、汉堡港航行时间比较

表 2-1　比雷埃夫斯港到达中东欧各国主要城市所用时间

城市	所在国	时间(d)
帕尔杜比采	捷克	7~8
恩斯	奥地利	5~7
布拉迪斯拉发	斯洛伐克	5~7
斯特里达港	斯洛伐克	5~7
布达佩斯	匈牙利	5~7
布加勒斯特	罗马尼亚	2~3
贝尔格莱德	塞尔维亚	1~2
斯科普里	北马其顿	1~2

2.3.2.2　运输成本

运输成本是中欧货运客户选择运输路径的主要影响因素。以集装箱集运为例,各路径作业流程见图 2-11。

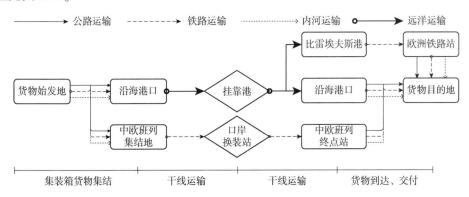

图 2-11　中欧集装箱集运作业流程

中欧集装箱运输成本主要同运输区段、运输距离有关：

①对于中欧铁路运输通道来说,涉及的运输成本主要有:货物从货源地到中欧班列始发站的集结费用,中欧班列运输途中的费用,国内外口岸的换装费用,各城市配送集散作业费用。

②对于中欧海路运输通道来说,涉及的运输成本主要有:港口作业费用(包括起始港和卸

货港的装卸搬运费、堆存费),海上运输费用(包括内河运输费用和远洋运输费用),关务费用等。考虑到中欧集装箱运输沿途会经过不同国家和地区,对不同的运输区段一般采用不同的运输费率来计算。

③对于以中欧陆海快线为典型代表的海铁联运来说,比传统海运节省了干线运输距离,且水转铁可大大提高运输时间效率,降低机会成本。但同时,海铁联运会增加干线运输单位费用,并产生海铁联运换装费用等。

通过运输效率分析可知,传统海运所用的时间最长,但运力成本方面的优势最大;航空运输所用的时间最短,但成本最高;公路、铁路等陆路运输方式的运输时间取决于所选择路径的通关难度及沿途基础设施建设水平,但比传统海运的效率高。唯一且特别限制全陆路铁路货运发展的瓶颈是运力,火车单列列车的载货量仅为当今最大货船载货量的0.45%,货运汽车的载货量更少,多作为备用选项。中欧之间各运输方式的时间-成本效率分析如图2-12所示。

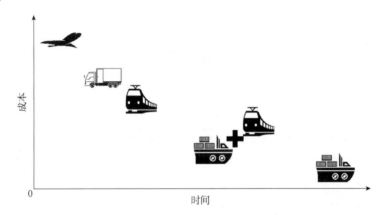

图2-12 中欧之间不同运输方式的时间和成本

2.4 中欧陆海快线发展现状

中国远洋海运集团有限公司从2017年2月起在中欧集装箱航线开通直达希腊比雷埃夫斯港的中欧快捷航线,投入30多艘7000~13000标准箱的集装箱船舶,定期穿行于远东与地中海,提供从天津、大连、青岛、上海、宁波等中国城市至希腊比雷埃夫斯港的运输服务。

2.4.1 货物品类

中欧陆海快线以笔记本电脑等电子产品运输为开端,近年来货物种类不断增多。从进出口贸易维度看,进口货物以汽车、木材为主,出口货物以电子产品、家电、木材、汽车、小商品为主。从客户群体规模维度看,大客户以木材、有色金属、电子产品、小商品为主,零散客户以零售贸易小商品、服装、化工制品为主。

2.4.2 货运客户

目前,中欧陆海快线的主要客户来自电子、商贸、货运物流、餐饮等多个行业。2021年,中欧陆海快线客户达 205 家,其中,直接客户有 21 家。中欧陆海快线主要客户货运情况见表 2-2。

中欧陆海快线主要客户货运情况　　　　表 2-2

序号	客户	货类	始发地国家	目的地国家	运输线路及占比		货运量(标准箱)		
					比雷埃夫斯港主线	里耶卡港支线	2019 年	2020 年	2021 年
1	A	电子产品	中国	希腊	100%	0%	7000	13000	13000
2	B	电子产品	中国	捷克	100%	0%	20000	20000	20000
3	C	电器	中国	匈牙利	80%	20%	6000	7000	8000
4	D	电器	中国	匈牙利	80%	20%	4000	5000	6000
5	E	木材	希腊	中国	100%	0%	0	2300	1000
6	F	木材	斯洛伐克	中国	0%	100%	0	2000	2000
7	G	化工品	奥地利	中国	100%	0%	15000	12000	5000

2.4.3　货运流向

2.4.3.1　中国—比雷埃夫斯港—中东欧国家线路

1)去程货流

货源地:中国上海、宁波、重庆、天津、大连、青岛等。

目的地:匈牙利、捷克、斯洛伐克、塞尔维亚、北马其顿。

货类:电子产品、家电、小商品、快消品、服装等。

2)回程货流

货源地:斯洛伐克、塞尔维亚、奥地利。

目的地:中国。

货类:木材、电解铜等矿石、化工品。

2.4.3.2　中国—比雷埃夫斯港—里耶卡港—中东欧国家线路

1)去程货流

货源地:中国。

目的地:塞尔维亚、匈牙利。

货类:电子产品、小商品、快消品、服装。

2)回程货流

货源地:捷克、塞尔维亚。

目的地:中国。

货类:矿石、木材、化工品。

2.4.4　货运量

中欧陆海快线货运量稳步上升。自 2014 年 1 月中欧陆海快线正式开通以来,众多大型企业纷纷采用中欧陆海快线运输货物,逐步形成了一条成熟的中欧陆海快线,货运量逐年稳步上升。2019—2021 年,中欧陆海快线货运量分别达到 48467 标准箱、122213 标准箱、153200

标准箱,年均增长率达78%,呈现快速增长趋势,2020年较2019年增长152%,2021年较2020年增长25%,见图2-13。

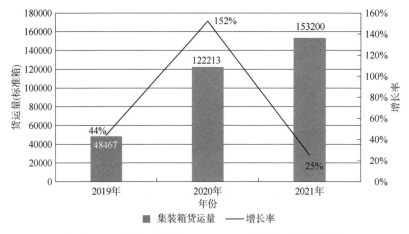

图2-13 中欧陆海快线2019—2021年货运量变化情况

2020年货运量增长很快,一方面与中欧陆海快线主线"中国—比雷埃夫斯港—中东欧国家线路"运营日臻成熟、客户稳步增多有关,另一方面与开通中欧陆海快线支线"中国—比雷埃夫斯港—里耶卡港—中东欧国家线路"有关(图2-14、图2-15)。

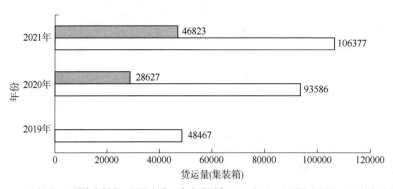

图2-14 中欧陆海快线主线、支线货运量变化情况

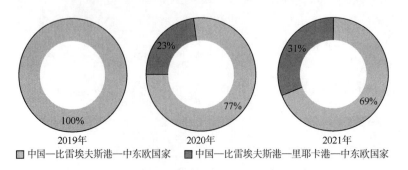

图2-15 中欧陆海快线主线、副线货运量构成情况

2021年货运量增长率下降幅度较大,一方面是由于中欧陆海快线运营方中远海运物流有限公司自身进行业务调整,为了改善客户群体结构,不再补贴客户运费;另一方面是由于疫情影响,舱位紧张,运价上涨,箱源短缺,造成很多直接客户无舱位、无箱源,导致出口受限。2021年主要大客户货量同比上年增长375%,远高于整体箱量增幅,大客户在整体重箱量中的占比从26%提升至60%。

2.4.5 发展特色

随着中欧班列和传统的中欧海路运输航线的拓展延伸,海铁联运有多种组织方式和路径选择。相对于其他运输路径,中欧陆海快线有以下优势:

①中欧陆海快线具备保税仓储和越库操作优势。经中远海运物流有限公司申请的增值税税务便捷处理流程,与汉堡、鹿特丹等港口类似,可以为客户优化现金流。此外,比雷埃夫斯港物流分拨中心是唯一一个在欧盟Ⅰ类保税区内运作经营的物流分拨中心,来自非欧盟国家的货物可以无限期地停留在保税区内,并被视作没有进入欧盟海关,免征任何欧盟进口关税和增值税;停留在保税区内的来自非欧盟国家的货物,可以在中转状态下送达其他欧盟或非欧盟国家,不需要在比雷埃夫斯港办理任何海关手续。

②运营主体为全程物流服务商。中远海运物流有限公司通过与铁路、公路、海运、报关等各方密切联系,控制成本。一方面,通过采用"五定"班列和加强本地放箱等方式,优化全程方案,从而降低成本;另一方面,优化成本,通过每年的海运投标并根据市场变化及时调节运价。

③中欧陆海快线安全可靠性相对较高。硬件方面,为装载高价值电子产品的集装箱配置符合 ISO 17712 标准的安全锁。软件方面,根据事前、事中和事后的不同阶段进行分别设定,并严格执行业务操作流程,做好风险防范。制度方面,配合客户多次进行定时安全检查。

2.4.6 面临问题

虽然中欧陆海快线快速发展,但是由于中国和中东欧国家的进出口贸易额存在较大的顺差,中欧陆海快线北向(由中国发出)货运量较多,南向(运往中国)货运量较少,不平衡问题非常突出,见表2-3。2019年,南向发运货物4867标准箱,北向发运货物43600标准箱,不平衡系数为11%;2020年,南向发运货物41213标准箱,北向发运货物81000标准箱,不平衡系数为51%;2021年,南向发运货物53200标准箱,北向发运货物100000标准箱,不平衡系数为53%。

中欧陆海快线历年货运量情况　　　　表2-3

年份	集装箱货运量（标准箱）	分路线货运量(标准箱)		分方向货运量(标准箱)		南北向货流不平衡系数
		中国—比雷埃夫斯港—中东欧国家	中国—比雷埃夫斯港—里耶卡港—中东欧国家	北向	南向	
2019年	48467	48467	0	43600	4867	11%
2020年	122213	93586	28627	81000	41213	51%
2021年	153200	106377	46823	100000	53200	53%

2.4.7 发展前景

2.4.7.1 "一带一路"倡议推动沿线国家交通基础设施不断完善

近年来,围绕"一带一路"倡议的陆上经济走廊和海上经济走廊,中国交通企业积极参与"一带一路"沿线交通基础设施建设,积极推动了沿线国家的铁路、公路、港口等交通基础设施建设,对"一带一路"沿线国家交通运输、进出口贸易等方面产生积极影响。未来,将进一步加强"一带一路"沿线国家的交通基础设施互联互通建设,以中国—中东欧国家合作平台为基础,加强中东欧基础设施的升级改造,畅通中国至中东欧并连接欧洲大陆的货物运输通道。我国积极推动"一带一路"倡议,建设交通基础设施项目库,完善"一带一路"倡议综合运输国际大通道,加强与欧洲国家运输通道的衔接,并且注重"一带一路"交通基础设施影响评估。

2.4.7.2 南北向流量不平衡问题将得到改善

目前,中欧陆海快线北向(中国至中东欧国家方向)货运流量较大,南向(中东欧国家至中国方向)货运流量较小。未来,中国将加强与北马其顿、塞尔维亚、匈牙利、斯洛伐克和捷克等国的经贸合作,实现人员、商品、企业、资金、技术的往来交流,加强中欧陆海快线回程火车的配载,提高中欧陆海快线南向流量,从而提高南北双向平衡率。

2.4.7.3 通关便利化程度提升

截至2022年3月,中国海关已与包括欧盟在内的48个国家和地区签署"经认证经营者(AEO)"互认安排,然而与中东欧的非欧盟国家尚未实现上述便利。未来,中国将努力与中欧陆海快线沿线国家海关建立合作机制,开展"经认证经营者(AEO)"互认合作,简化货物到达相关国家的通关手续。预计未来实现互认合作后,查验率可降低60%~80%,通关时间和通关成本均可降低50%以上。

2.5 中欧陆海快线市场需求

2.5.1 货物运输发展趋势

2.5.1.1 货物品类及客户多样化

在现有货类的基础上,未来货类将伴随中国和中东欧国家经济发展、产业迭代升级呈现一定程度的变化。中欧陆海快线自身也将开展业务优化,使运营日益便捷、高效,为客户提供有别于其他交通方式及运输线路、具备核心竞争力的优势服务,吸引越来越多的货类及客户采用中欧陆海快线运输。

2.5.1.2 货运流向纵深化

目前,采用中欧陆海快线的货物贸易主要覆盖中国和中东欧的捷克、匈牙利、斯洛伐克、塞尔维亚、北马其顿、奥地利等国家。分析未来货运流向时,应考虑中东欧国家经济发展、中东欧各国到比雷埃夫斯港的交通距离。从货运距离维度分析,未来应考虑距离比雷埃夫斯港较近但是目前尚未被中欧陆海快线覆盖的国家,包括保加利亚、罗马尼亚等。

2.5.1.3 货运量持续稳步上升

从政治环境、经济贸易环境、交通环境等方面加以分析,"一带一路"倡议、中东欧国家政局、中国与中东欧贸易发展、相关国家交通基础设施建设、中欧陆海快线核心竞争力等因素都对未来货运量产生积极影响。总体推断,中欧陆海快线货运量未来将呈现稳步上升趋势。

2.5.2 一体化需求分析

随着专业化分工的推进,当今跨国企业在选择物流服务商时,越来越倾向于委托"领先物流服务商"(也称为"全程物流负责人")作为同客户的对接窗口,以该运输企业的名义统一整合资源,从整体供应链的角度整合可能的各项资源,协调各方,设定标准流程,同时提供客户需要的增值服务,面对客户实现"一站式"服务。领先物流服务商可以更高的视角审视客户的整体供应链需求,从而设计更加符合客户需求的物流方案,进一步加强合作纽带(图2-16)。

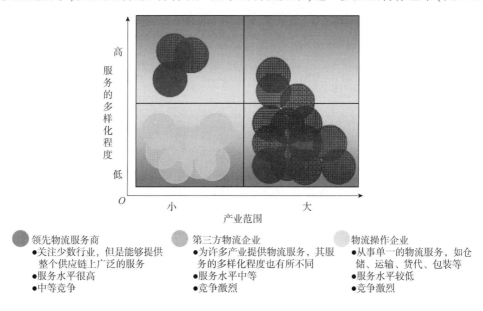

图 2-16 领先物流服务商的特点

中欧陆海快线发展需要充分利用供应链全程操作优势,实现含起运地内陆运输、海上运输、希腊越库操作、二程驳船和地面运输在内的全程低成本、无缝连接。从信息共享层面来看,供应链的端口需提升中东欧地区"最后一公里"的服务功能,即强化自身的海外网点布局能力,通过加强与中欧铁路系统、公路运输企业等的信息共享与同步组织,实现多式联运全过程的一体化管理,从而为跨国供应链企业提供快速响应、实时跟踪、动态调整的货物运输服务。

供应链全程物流服务不仅包括运输转运等流程,还包括代工厂监装、短驳、报关、铁路装车运输、海运装船出运、目的地清关、内陆运输和指定地点交货等多重环节,每一个环节对中欧陆海快线的运营能力都是严峻考验。在提供全程服务方案设计时,需要贯彻"无缝连接"的理念,在每一个物流操作环节都要通过精确计算实现最优化,在扣除必要的缓冲时间后,确保物流操作和衔接可以顺畅进行,避免不必要的时间延误。

2.5.3 数字化需求分析

针对上述一体化需求,领先物流服务商不仅要解决自身承担的运输服务部分的信息和业务流程的一体化系统的建设,还要统筹协调全链条物流服务供应商的信息无缝衔接与共享,因此需要深入研究跨国供应链协同信息系统对接和数据交换技术,着重解决中欧陆海快线跨国供应链的境内外多主体、多业务环节、多运输方式之间多元数据数字化信息共享困难的问题。

跨国供应链物流服务的数字化发展要求全面梳理中欧陆海快线跨国供应链系统对接和数据交换需求,研究通信方式和协议,研究制订海运和多式联运单证等报文格式和内容,分析基于跨国供应链协同的需求,特别是与欧洲端物流供应商的供应链物流管理系统等平台的协同,实现中欧陆海快线公海铁联运的全程物流数字化共享。

2.5.4 可视化需求分析

物流可视化是指在物流的各个环节实现物流信息的可视化。它包括物流资源信息、物流需求信息、物流过程、物流状态、物流控制和物流环境等的可视化。物流可视化是针对物流信息的可视化,因此它的前提是物流的数字化。

提供物流可视化服务至少需要满足以下三点要求:

①交互性。托运人能够方便地以交互的方式管理和浏览物流数据,即能够借助承运人提供的可视化服务端口随时发送货物状态请求,并实时接收到可读性较强的数字信息。

②多维性。可以看到表示物流对象或事件数据的多个属性或变量,一般包括货物实时位置、该阶段实际承运企业、动态时间、货物状态(如温度、湿度)等。而数据可以按其每一维的值进行分类、排序、组合和显示。

③可读性。物流数据可以用图像、曲线、二维图形、三维体和动画等较为直观的途径显示。可对物流数据的模式和相互关系进行可视化分析。

为满足以上诉求,不仅需要做实系统服务和信息对接,还需要设计与业务流程操作以及用户需求相适应的可视化模块,系统跟踪、展示货物全流程信息,个性化地实现全程数据共享与可视可查甚至可操作。

2.5.5 系统化需求分析

亚欧大陆地域辽阔,中欧陆海快线沿线的交通水平、区域位置、进出口水平等情况各不相同。如何全面优化中欧陆海快线多式联运组织方案、选出合适的中欧陆海快线控制节点(国内、沿途、欧洲始发、集散、中转等关键节点)和在途路径(包括经过国家及所选择的运输方式等),是一个系统性的问题,没有明确的最优方案,需要用模糊数学等系统方案来解决。

系统化的分析能够从整体上提高中欧陆海快线的运营竞争力,在中欧班列、北极航线等众多物流解决方案中脱颖而出,为跨国供应链企业提供便捷高效的多式联运服务,从而提高中国融入全球供应链的程度,拓宽中欧贸易。

第 3 章　中欧陆海快线跨国供应链控制塔技术

3.1　供应链控制塔基本理论

3.1.1　供应链控制塔的概念

控制塔具有提供端到端无缝衔接、提供实时数据分析、提供预测和决策、及时解决实际问题、驱动供应链敏捷协同等特性,可成为计划和执行之间的连接桥梁。

物流控制塔由一系列的供应链管理流程和工具组成,通过互联网技术,规划物流仓储网络、监控订单履行状态,作为中心物流运输管理系统,用于实时追踪货物,为企业提供端到端的、可视化的供应链服务。相比于物流控制塔,供应链控制塔具有更广和更强的功能。

供应链控制塔是物流控制塔的延伸和发展,是一个更广泛、更深刻的概念,一般用于控制和管理整个供应链[包括设计、计划、采购(包括物流)、制作、交付(包括物流)、支持]或跨多个供应链-供应链网络,包括供应链网络中的业务流、信息流、产品流(包括物流)、资金流,提供供应链端到端整体可见性与近实时的信息和决策。供应链控制塔可被实现为一个硬件+软件的智能平台,此平台连接供应链内外的各种数据源、数据/大数据分析系统、智能设备、可视化显示装置、合作伙伴系统、内部系统、云系统等。

2011年以来,供应链控制塔的概念越来越流行。然而,至今还没有统一的供应链控制塔的定义。已有的比较典型的定义包括:Gartner认为供应链控制塔核心是"一个物理或虚拟仪表板",强调了供应链控制塔的可视化特性;埃森哲将控制塔定义为一个共享服务中心,以监控和指挥供应链端到端的作业行为,使供应链协同、吻合、灵活且具有需求驱动特性;凯捷咨询定义供应链控制塔是一个中心枢纽,具有一定的技术、组织和流程,以捕捉和使用供应链数据,提供与战略目标一致的短期和长期决策的可见性;阿伯丁将控制塔看作一个概念,用于解决跨越供应链的复杂问题,实现端到端的无缝整体可见和实时警报功能。

虽然上述对供应链控制塔的定义不同,侧重点不同,但存在以下共识:一是供应链控制塔不是一个真正的像机场控制塔一样的塔,而是一个概念;二是供应链控制塔是一个供应链控制/管理中心,可实现端到端的无缝衔接,具有数据分析、预测和提供决策支持的功能。

供应链控制塔使组织能实时、充分地了解并确定优先级,解决关键问题,提供整个供应链的端到端可视性,有助于更好地预测中断、提高业务连续性以及响应计划外事件。在数字经济时代,传统的供应链正在向数字化供应链转型,越来越多的企业用控制塔实现供应链现代化、数字化,供应链控制塔已逐渐成为企业在其延伸的价值链上获得可见性和做出智慧供应链决策的重要工具。

3.1.2 供应链控制塔的发展阶段

供应链控制塔的发展可分为可视阶段、预警阶段、决策支持阶段和自主性阶段。

3.1.2.1 可视阶段

可视阶段是控制塔的初级阶段。在可视阶段,供应链控制塔只提供必须展示和采集的指标以及相关基础数据。指标可以是 KPI(Key Performance Indicator,关键绩效指标),也可以是销量或订单量等业绩数据、运输量或产量等工作量数据、目标达成率或订单满足率等服务水平数据,还可以是财务数据。

3.1.2.2 预警阶段

在预警阶段,应该考虑过程指标,并且事先定义各指标的目标及预警线。预警可以分为简单预警(直接预警)和复杂预警(推演预警)。比如,仓库班次或日出货量未达到目标,客户配送的准时送达率未达到预定目标,就是简单预警;在一些复杂场景下,需要通过一些过程节点数据指标进一步推算可能影响其他关键业务指标的完成情况,就是复杂预警。

3.1.2.3 决策支持阶段

该阶段,控制塔系统具备计算和规划能力,根据采集的实时数据,给管理者提供可采用的执行方案或方案选项,以及不同方案的预计执行效果。比如:根据客户订单需求和可用运力,给出运输线路或装箱方案;根据销售预测、当期客户订单、库存水平和既定库存政策,给出补货建议。

3.1.2.4 自主性阶段

供应链控制塔的最高阶段是结合人工智能等现代技术,实现无人工干预情况下的供应链网络运营,根据实时数据自动地、自主地执行动作,如生成补货或采购订单、下达运输和仓库作业指令、部署物流或生产能力。

3.1.3 供应链控制塔的结构

从供应链管理的视角,供应链控制塔包括数据层、协同层、控制层、智能层(图 3-1),控制塔通过上述各层对智慧物流系统的各环节进行协同、监控和管理。

3.1.3.1 数据层——数据交换共享平台

最底层的数据交换共享平台是与供应链各参与方或同一参与方的其他应用系统进行互联、对接、集成,完成数据共享、协同的基础设施。企业内部各应用系统的集成主要通过 SOA(面向服务的架构)体系下的 ESB(企业服务总线)和接口技术等实现,控制塔与外部企业(包括货主、制造商和物流分包商)的数据交换则通过系统互联和 EDI(电子数据交换)实现。

3.1.3.2 协同层——计划协同平台

协同层的计划协同平台根据各种订单和供应链上的各种资源,在商务规则的控制下,以智能化的方式制订总体的物流计划,分解成各具体环节或针对具体物流服务商的分计划,将这些分计划分配给各服务商或子系统,并根据总计划协调各分计划的执行。同时,计划协同平台的商务模块根据与各服务分包商的合同和完成的服务对应付费用进行核算管理,根据与货主的合同对整个供应链的费用进行应收核算管理,形成应收/应付凭证,通过接口转发给财务系统。

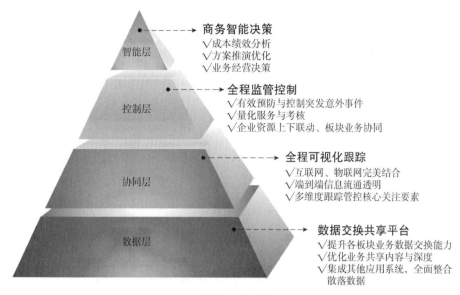

图 3-1　供应链控制塔结构图

3.1.3.3　控制层——可视(可追溯)、可控、可量化的监控平台

控制层对供应链全过程实行全面监视、异常事件控制和量化考核。控制层如同机场上居高临下、统管全局的控制塔台,将先进技术和相关计划协同平台应用于多式联运供应链管理中。

3.1.3.4　智能层——智能决策支持系统

体系的顶端是智能决策支持系统。目前用于物流行业的智能系统通常采用基于规则库、知识库的决策支持体系,可以实现诸如成本绩效分析、方案推演及优化等基本的决策支持功能。在系统运行积累的大量数据的基础上,如果有业务需求,可以通过建立数学模型或采用大数据分析方法,实现对整个供应链运作的更高层次的智慧化决策支持。

3.2　供应链控制塔技术发展方向

3.2.1　供应链控制塔技术的标准化

供应链控制塔技术的标准化主要表现在 EDI 的使用。早期的 EDI 由贸易双方自行约定标准。随着使用范围的扩大,一对一的"标准"根本无法适应新情况,于是出现了许多行业标准和国家标准,最后形成了国际标准。EDI 的各项标准是使 EDI 技术得以广泛应用的重要技术支撑。EDI 的标准化工作是 EDI 发展进程中不可缺少的一项基础性工作。

EDI 标准体系是 EDI 应用范围内具有内在联系的标准组成的科学有机整体。根据通信、内容、管理和安全等不同功能的具体需求,EDI 标准体系由若干个分体系构成,包括基础、单证、报文、代码、通信、安全、管理应用等。各分体系之间又存在着相互制约、相互作用、相互依赖和相互补充的内在联系。其中,最重要的是报文标准体系和通信标准体系。通常,在建立企业间 EDI 伙伴关系时,商定采用的报文标准、通信标准以及数据代码标准。下面仅重点介绍 EDI 的基础标准体系、报文标准体系、代码标准体系和通信标准体系。

3.2.1.1 基础标准体系

EDI 基础标准体系是起指导作用的核心体系,主要由 UN/EDIFACT 基础标准和开放式 EDI 基础标准两部分组成。其中,UN/EDIFACT 有 7 项基础标准,包括 EDI 术语、EDIFACT 应用级语法规则、语法规则实施指南、报文设计指南和规则、贸易数据元目录、复合数据元目录、段目录、代码表。我国等同采用了这 7 项标准。开放式 EDI 基础标准是实现开放式 EDI 最重要、最基本的条件,包括业务、法律、通信、安全及信息技术方面的通用标准等,ISO/IEC JTC1 SC30 推出《开放式 EDI 概念模型》和《开放式 EDI 参考模型》,规定了用于协调和制订现有的和未来的开放式 EDI 标准的总体框架,成为开放式 EDI 标准化工作的指南。随后推出的一大批功能服务标准和业务操作标准等成为指导各个领域 EDI 应用的国际标准。

3.2.1.2 报文标准体系

EDI 报文标准是每一个具体应用数据的结构化体现,所有的数据都以报文的形式传输或接收。目前,全球范围内使用最广泛的 EDI 报文标准是 EDIFACT 和 ANSI X.12。

最早的 EDI 报文标准是 1979 年 ANSI(美国国家标准学会)为商业伙伴间完成电子数据交换而开发的统一标准,标准代号为 X.12。最早的 ANSI X.12 支持北美不同行业企业的数据交换。发展到今天,ANSI X.12 被广泛用于全球范围的数据交换。X.12 也为 EDIFACT 做出过贡献。目前,该标准主要在北美和部分亚太地区使用,特别是以美资企业为主导的供应链中。

联合国主导开发的 EDI 国际标准最早称为 UNSM(United Nations Standard Message,联合国标准报文)。其于 1987 年正式形成时只有十几个报文。1999 年 2 月的 UN/EDIFACT D.99A 版已包括 247 个报文,涉及海关、银行、保险、运输、法律、税务、统计、旅游、零售、医疗、制造业等诸多领域,发展成一整套 EDIFACT 标准体系。最新的 EDIFACT 版本是 D.11A。目前该标准广泛用于欧洲、大部分亚太地区和除北美外的其他地区。我国的 EDI 国家标准基本上采用了 EDIFACT 标准体系。

此外,还有其他 EDI 报文标准,主要用于部分行业、部分国家,包括:RosettaNet(应用于计算机、消费类电子产品、半导体制造商、电信和物流行业)、VDA(应用于德国和欧洲汽车行业)、VICS(应用于北美的一般商品零售行业,是 X.12 的子集)、SWIFT(应用于银行和金融机构)、EANCOM(应用于医疗、建筑和出版,是 EDIFACT 的子集)、Tradacoms(应用于英国零售业)等。

随着互联网和电子商务的迅猛发展,新的基于 XML 技术的 ebXML 国际标准已经出现并在不断完善中。ebXML 与上述传统 EDI 报文的显著区别在于它并非基于普通文本格式,而是具有 XML 标记特征的数据文件,每个数据段都有其特有的标签。尽管 ebXML 标准还在完善中,目前尚没有得到全面的应用,但在电子商务和公共服务平台领域已经大量采用了自定义的该类标准。

3.2.1.3 代码标准体系

在 EDI 传输的数据中,除了公司名称、地址、人名和一些自由文本内容外,大多数数据都以代码形式发出。为使交换各方便于理解收到信息的内容,以代码形式把传输数据固定下来。代码标准是 EDI 实现过程中不可缺少的。EDI 代码标准体系包括管理、贸易、运输、海关、银行、保险、检验等方面的代码标准。

3.2.1.4 通信标准体系

现在最常用的 EDI 通信标准包括:

1) AS2

采用签名加密,具有 MDN(送达回执)的特点,由沃尔玛最先使用,目前广泛应用于金融、制造、零售、物流等领域。AS2 标准需要有第三方认证的加密签名。

2) OFTP/OFTP2.0

OFTP2.0 扩展了对超过 500GB 的大文件传输的支持,针对欧洲汽车行业进行设计,现已推广到全球的零售、大型家电、制造业、政府部门、运输、保险行业和银行业等。

3) SFTP、FTP/S、HTTP/S、AS1/AS3/AS4 等

计算机网络通信协议是 EDI 得以实现的必备条件,EDI 通信标准则是顺利传输以 EDI 方式发送或接收的数据的基本保证。EDI 使用的计算机网络通信协议体系包括国际电信联盟的 X.25、X.200/ISO 7498、X.400 系列/ISO 10021、X.500 系列等,其中 X.400 系列/ISO 10021 标准是一套关于电子邮政的国际标准。随着互联网技术的普及,这些老的网络通信协议已经逐渐退出,目前最普遍采用的是基于互联网技术的 TCP/IP(Transmission Control Protocol/Internet Protocol,传输控制协议/网际协议)通信标准。

3.2.2 供应链控制塔技术的数字化

数字化供应链控制塔是一个以客户为中心的平台模型,采用了数字中台技术和业务架构,支持全业务数据流通,可以实现客户、商品、库存、物流、支付全渠道打通。数字化供应链控制塔不仅可以获取并最大限度地利用数据,还可以帮助企业进行客户需求的准确匹配、感知和管理,准确把握供应链管理的运作过程,优化业务流程及组织结构,根据供应链控制塔展示的数据掌握企业的经营动态,实现整体供应链的灵活管理,满足市场多样化、个性化的需求,实现智能化生产。数字化供应链控制塔可用于控制和管理企业的整个供应链或跨多个供应链的网络,可以实现供应链端到端的整体可见、近实时的信息和决策。

3.2.2.1 数字化供应链控制塔的特点

数字化时代,各行各业的供应链控制塔管理正朝着以消费者为中心、以智慧数字化技术为代表,协作与信息共享、自动动态调整与优化的方向发展。因此,广义上来说,供应链控制塔可以连接企业外部的各类主体,如政府部门、行业协会、科研机构等,也可以连接各类数据平台,如搜索引擎、电商平台、垂直媒体网站、上下游供应商、制造商、销售商、分销商的计算机系统等。狭义上来说,供应链控制塔可以作为企业的数字中台,是服务于企业供应链端到端流程可视化、智能化、透明化的数据决策与共享中心。

数字化供应链控制塔是一个前台、中台和后台的聚合体,是由 BI(Business Intelligence,商

业洞察)技术、Big Data(大数据)技术、AI(Artificial Intelligence,人工智能)技术等所构成的数据决策平台。数字化供应链控制塔由塔基、塔座、塔身、塔顶四部分构成,分别对应数据采集、数据存储与处理、数据服务、数据应用(图3-2)。数字化供应链控制塔通过采集供应链管理过程中的客户、订单、采购、生产等数据,构建数据分析模型和可视化应用,实现供应链端到端的决策分析目标。总体来说,数字化供应链控制塔有两大特点:

1)数据可视化

通过对系统或者平台的数据进行Extraction(抽取)、Transformation(转化)、Loading(加载),运用数据治理工具来解决数据真实性、唯一性的问题。聚焦用户与产品的全生命周期管理,对各个环节的数据指标进行透明化。通过使用BI工具进行多维度、多形式

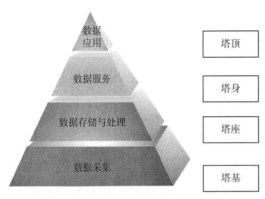

图3-2 数字化供应链控制塔结构图

的分析,同时借助手机APP、Pad大屏等数据展现方式,实时分析企业经营指标,感知客户需求,追踪供应链管理的各个环节,实现从研发设计、产品制造、产品交付直到后续的运营服务等过程的透明化、可视化管理。

2)应用智能化

运用IoT(Internet of Things,物联网)、AI、大数据技术、5G技术、区块链技术等拓展数据源,实现数据准确性、及时性、不可抵赖性,提升数据的可信度。通过对供应链整体业务流程和数据进行分析,满足企业内部不同业务部门对数据的智能化分析需求,实现数据价值的最大化,为供应链的智能化、生态化奠定基础。例如,针对客户群体可以进行画像分析,针对市场需求进行商情分析,针对产品进行销售预测、售后分析、备件预测、产品定价分析、物流路径优化等。

3.2.2.2 实现海量数据更高层次的可视化

数据层与同供应链内、外部各种系统的数据源(包括供应商、制造商、品牌商、分销商、零售商以及客户数据等内部数据,以及政治、社交、气候、灾害等外部数据)和物联网的实时数据源连接,获取实时数据,经加工后显示于仪表屏幕,对外部风险数据生成供应链预警,告诉供应链管理者现在发生了什么,以提供实时的可视性。

面对愈加复杂、数据量庞大且至关重要的供应链管理生态系统,企业最渴望的、理想中的控制塔必然要具备以下能力:可扩展性、单一事实来源、端到端的可见性、能够从外部/第三方获取数据、基于人工智能的自动化和改进的预测分析。

"可扩展性"意味着控制塔必须能够连接传统ERP(Enterprise Resource Planning,企业资源计划)和其他后台企业应用程序,以提高从工厂到销售点的整个供应链的可见性。随着供应商、批发商、分销点和销售点等接触点的不断增加,控制塔必须能够通过强大的连接网络无缝支持这种可扩展性,并且不需要复杂的管理。

"单一事实来源"指的是需要触达数据终端,而不是提供搬运的、传达的不可靠的数据。尤其是随着越来越多不同来源的数据不断出现,供应链管理系统在确定哪些数据是"真实的"以及哪些数据需要更新/覆盖时,需要以单一来源去解决冲突和混乱。

"端到端的可见性"是指在整个供应链中具有全面的可见性时，才能获得真正的洞察力。现代控制塔要随时提供对供应链各个方面的广泛可见性，无论是查看供应商、分销商、贸易伙伴还是销售网点。

"能够从外部/第三方获取数据"是指许多可操作的数据来自企业外部（例如供应商数据库、仓库管理系统和销售跟踪应用程序），它们和其他形式的第三方提供的数据可以通过支持人工智能的控制塔实时连接到企业供应链管理系统。

"基于人工智能的自动化和改进的预测分析"是指通过对大量供应链相关数据进行排序，能更快地发现问题和机会。人工智能和机器学习是基于大数据的，从经验丰富的员工那里获取线索，并以更快的速度给出建议。所以，现代控制塔不仅要告诉组织正在发生什么，而且还要提供关于"可以和应该采取哪些步骤以改进供应链管理"的建议。

供应链控制塔的优势非常明显，但它的范畴非常广，包括供应链的可视化、供应链计划优化、供应链分析、供应链模拟以及预警和规避风险的手段。如何针对每个企业的特点建立与其业务适配的供应链控制塔，一直是热门的话题。近几年，很多行业的高层都对供应链控制塔产生了浓厚兴趣，但是不知道该如何入手。常见的问题如："到底需要接入哪些系统及哪些数据？""围绕研、产、供、销有太多应用系统，并且随着智能制造的发展，会产生海量数据，这些数据在控制塔体系下该如何组织？该怎么用？"

首先，从客户需求出发，从一个订单的生成开始，到确认交期、资源匹配、计划编制、物料准备、生产、检验、发运、交付等一系列关键环节，识别相关数据来源，明确能够支持过程透明化的数据。

其次，识别每个阶段的关键管控指标。需求预测阶段，关键管控指标包括需求准确率、库存周转率、市场占有率等；计划编制阶段，关键管控指标包括计划编制效率、计划满足率等；在制造环节，关键管控指标包括计划执行率、单车成本等。

3.2.2.3 数字化供应链控制塔的功能分析

1）预测分析的能力：对供应链运行（如突变和中断）的预测分析

供应链控制塔具有比物流控制塔更广、更强的功能。物流控制塔由一系列的供应链管理流程和工具组成，通过互联网技术规划物流仓储网络、监控订单履行状态，作为中心物流运输管理系统，实时追踪货物，为企业提供端到端的、可视化的供应链服务。而供应链控制塔一般用于控制和管理整个供应链（设计、计划、采购、制作、交付、支持）或跨多个供应链-供应链网络，包括供应链网络中的业务流、信息流、产品流（包括物流）、资金流，提供供应链端到端的整体可见性以及近实时的信息和决策。

借助人工智能和机器学习，供应链控制塔快速处理大量供应链相关数据，能更快地发现问题和机会。

2）供应链的规范分析：应对变化和中断的突发事件，是对传统的"可控"功能的数字化升级

以指标为标杆，逐步构建控制塔底层基座，形成基础的供应链可视化平台，为继续搭建控制塔的高级应用做基础。同时，通过供应链可视化平台，可以对各个关键环节的执行效果进行持续跟踪及分析，从而实现全方位监控，识别波动点及潜在优化点，并辅助做出优化决策。最终，可以基于控制塔基座所积累的大量数据，依据关键指标，对关键环节进行相应的策略优化，并应对变化和中断等突发事件。

3）自我学习：通过对供应链运行数据的建模和相关算法，实现自我学习、调整和治理

自我学习功能的主要特征是：自主反应与学习、协同共享信息、自校正供应链、机器学习、认知分析。自我学习功能可实现对大数据的分析，并从数据中提取商业价值，以便做出最好的决策。自我学习功能是数字化供应链控制塔的顶尖处理能力，其对于整个供应链的管控和调整有着人工无法比拟的先进性。

3.2.3 全程供应链物流智能控制塔平台

早期的控制塔主要提供物流和供应链的端到端的可见性，但这对于数字时代的供应链管理是远远不够的。利用现代数字技术，控制塔技术的发展前景广阔，未来的潜在价值非常巨大。全程供应链物流智能控制塔平台的优势表现在以下几个方面：

1）强化供应链协同支持，形成端到端物流链条整合效益

未来经济的竞争是供应链的竞争。全程供应链物流智能控制塔平台通过对供应链资源的有效整合，将大幅提高运作效率，降低交易成本，从而提高行业竞争力。通过使货运经营者按照货运市场的需求调节运力结构，从而使运力构成趋于合理，将有效实现上下游企业间的利益协调，提高整体效益，为构建全程供应链生态提供强有力的保障。

2）营造安全环境，保障交易安全

通过全程供应链物流智能控制塔平台，物流企业和制造企业可以对产品的仓储、配送、运输、装卸过程实现可视化监控。通过可视化与可控化的物流服务，制造与物流双方将在一个安全的物流环境下进行交易，在保障交易安全的同时，也将提高交易效率和交易频率，并且为大量的增值服务提供可能。

3）提高信息利用效率与效能，降低供应链物流成本

全程供应链物流智能控制塔平台对不同主管部门、不同企业、不同时期的各种物流信息加以整理，实现异构数据交换和信息共享，有效加快信息流通，提升行业供应管理信息化水平，促进管理决策科学化，有效提高管理精度，降低劳动强度，进而降低物流成本，提高资金的利用率。

4）保护环境，实现绿色生态效益

全程供应链物流智能控制塔平台实现各种信息的无缝交换，提高交易过程无纸化水平，提高资源利用率和信息使用程度，通过合理规划货物拼装和运输过程，降低运输工具的无效行驶率，推动低碳、节能、环保物流的发展。

5）创新供应链金融业务，实现货物动态全过程监控

控制塔的可视化能力对供应链物流全程的货物监控至关重要。利用平台数据，实现货物控制权转移完全透明、可视化，配合智能控制塔预植入的解决方案，将有助于解决大宗商品期货交易、交割业务环节的货物监控缺失问题以及银行、基金公司关注的货物动态全过程可控、可视、可靠、安全问题。

3.3 跨国智慧供应链控制塔作用

传统供应链的数据来源于企业内部封闭的 ERP 系统，存在"数据孤岛"林立、系统之间不连接的问题。相比传统供应链的"计划—寻源—生产—交付"模式，跨国智慧供应链控制塔有

三个典型特征:第一,需求响应更快,更高效且可持续性强;第二,不同渠道间的预测、仓储、运输、交付同步,减少了系统导致的延迟;第三,边缘计算技术带来实时可视性,机器学习驱动供应链流程优化。跨国智慧供应链控制塔是利用移动计算、物联网、云计算、人工智能、网络通信、网络安全等一系列新兴技术对传统供应链的升级,是供应链控制塔控制层与智能层融合形成的统一结构。

供应链控制塔可实现以下6个方面的作用:

1)提高生产和商品配置可控性

对于商品生产而言,控制塔提供从市场需求输入、到企业产品输出、再到市场需求反馈的闭合完整数据链,有助于企业分析销售情况,作为优化销售行为、制订市场策略和生产指标的依据。

2)提升库存管理效率

控制塔借助供应链补货模型,制订补货和生产规则,协同上下游,在保证供应的前提下优化库存率、减少不必要囤积,有效降低库存水平。

3)提供实时物流信息

对于物流和电子商务而言,在从出货到交货完成的整个阶段中,控制塔可以帮助用户实时、便捷地掌握信息,对必要的记录、签名和时间等进行存档。

4)加速付款处理

对于财务会计而言,控制塔能够通过统一流程、优化付款体验、实时跟进进展等系统化操作加速付款处理,增加企业现金流。

5)提升订单管理关键绩效指标透明度

控制塔作为一个结构完善的系统,将整个供应链流程标准化,为跨国企业制订关键绩效指标提供了市场化的依据。

6)预防订单管理流程风险

智能化的控制塔能对可能出现的问题进行预处理,及时将订单各环节发生的时间告知客户,使出现的事件得到及时处理,根据客户具体需求调控运输和到货速度。

3.4 跨国供应链控制塔应用实例

3.4.1 中欧陆海快线供应链物流智能控制塔平台概述

中欧陆海快线供应链物流智能控制塔平台是中远海运物流有限公司根据积累多年的客户服务经验,采用先进的数字化技术、物流管理理念、行业共性标准和国际标准建立的一个面向产业链供应链的第三方物流服务平台。它以企业数据中台为依托,通过对全链路端到端数据的收集、分析和建模,实现供应链决策智能化,为前台业务部门提供决策快速响应、精细化运营及应用支撑等服务,让数据业务化,避免"数据孤岛"的出现,提升业务效率,更好地驱动业务发展和创新。此外,还为客户和供应商提供端到端的货物可视化、异常事件预警和应急响应操作,通过EDI、Web Services等信息对接、流程管理与优化技术,简化内部操作、报表及结算业务,实现各服务参与方的高效协同。总之,它是一个结合了物流供应链管理的精髓与行业最佳业务实践的面向产业链物流链的控制塔平台,对提升产业链供应链数智化水平极具价值(图 3-3)。

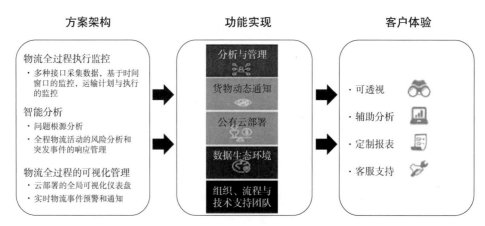

图 3-3 中欧陆海快线供应链物流智能控制塔平台解决方案架构图

中欧陆海快线供应链物流智能控制塔平台以 SAP(System Applications and Products)为后台管理系统,以自开发的 MCT(Message Control Tower)为数据中台,为前端客户提供信息推送、货物可视化、物流节点监控、异常事件预警、供应商服务绩效评价、客户定制化数据透视分析和展示等服务。

1)以客户需求为导向,全面提升服务质量

面对激烈的市场竞争环境,需要在客户黏性上下足功夫,必须以客户需求为导向,全面提升服务质量,通过数字化技术提升物流管控的水平。现代物流业是典型的"互联网+"的实践者,对数据的准确性、及时性、完整性建立起一套完整而又严格的数据质量考核体系,而且会不断对物流服务商提出更多新需求,因此有必要搭建一个强健的、随需而变的物流控制塔平台。该平台上线后,陆续在电子产品行业、化工行业、汽车行业等同行业客户业务中得到行业标杆客户的广泛认可,合同续签率接近 100%,业务量增幅达到 10%。

2)改善各业务线、各区域间的协同,简化、优化业务流程,提升组织运行的效率和效能

从整体来看,跨部门、跨区域的业务协同越来越成为企业供应链的核心竞争力。因此,搭建一个面向物流运输网络体系且资源供给最优、设备配载最优、路由最优、计划最优、效率最优的柔性全程供应链物流平台,是企业转型升级的重要手段。

3)实现财务业务一体化,构筑企业防范风险的防火墙

该控制塔平台提供一个全新的结算模式,使得企业在业务结算过程中可以基于客户订单建立统一的费用结算视图,按照合同信息自动计算并归集费用,聚焦订单业务数据的准确性以及供应商的服务管控,实现收支两条线的清晰管理。

4)实现整个物流链的透明化、可视化管理

在业务执行过程中,回单管理的及时性、准确性是业务提升的重要环节。对物流全程端至端的监控以及针对供应商伙伴的业务执行表现的评价,使得智能控制塔解决方案在改善业务运营能力、提升客户服务管理水平方面得到了充分的认可。

3.4.2 系统技术架构

系统采用微服务的架构方式(图3-4),具有高内聚、低耦合的特性。主要服务有客户订单与货物信息服务、货物动态追踪服务、数据分析与报表服务、EDI处理服务等。

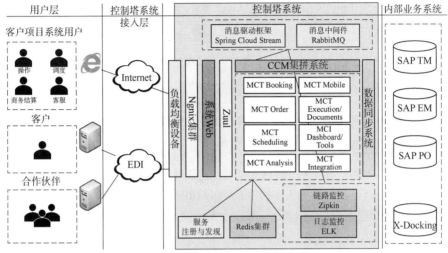

图3-4 跨国供应链控制塔系统技术架构

控制塔系统涉及的中间件有:①微服务API❶网关——Zuul;②负载均衡——Nginx;③服务注册与发现——Eureka;④链路追踪——Zipkin;⑤日志监控——ELK。

控制塔系统支持不同的数据对接方式,包括基于http/https协议的API调用、基于Soap协议的Web Service调用以及基于传统的AS2协议的EDI格式传送。

由于控制塔系统每时每刻需要处理大批量数据请求,故系统针对高并发需求进行了相应设计。外部请求如果是EDI数据格式,则会最先进入EDI处理服务体系下的RabbitMQ消息队列中间件,再由EDI平台进行映射处理;如果是通过API调用传递的XML/JSON格式数据,则由负载均衡组件Nginx进行转发处理,并利用Redis作为消息队列进行缓存处理。

3.4.3 业务流程分析

跨国供应链控制塔业务模块包括:受理客户原始委托,多式联运委托管理,实装箱封号,铁路订舱和派车,系统内数据接口,集装箱动态收集,EDI接口,统计报表,委托更正,船期表维护,班列时刻表维护,空柜管理以及商务模块等。以下对业务操作的几个特色模块进行展示。

3.4.3.1 受理客户原始委托

从ODM(Original Design Manufacturer,原始设计制造商,是指承接设计制造业务的制造商)接收的委托书共分为7种类型:SC1、REVSION1_SC1、REVSION2_SC1、SC2、PRESHIP、REVSION1_PRESHIP和REVSION2_PRESHIP。除SC1类型的数据直接生成客户委托以外,其他类型的数据都要和生成的客户委托相比较并做相应的处理。以SC1和SC2为例进行说明,受理客户原始委托流程见图3-5,其他类型委托的操作与SC2相同。

---

❶ API:Application Programming Interface,应用程序编程接口。

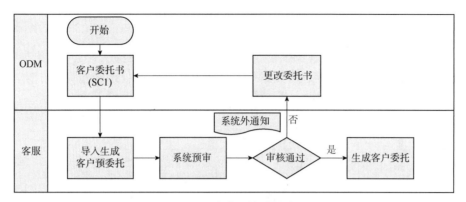

图 3-5 受理客户原始委托流程图

3.4.3.2 多式联运委托管理

多式联运委托管理是主要业务,其有多样性、复杂性、不确定性和专业性等多种特点。通过对整个物流业务进行线路、区段以及指令的划分和规划,对整个多式联运业务进行详细的任务分解。以指令的形式描述具体业务,通过技术手段将订舱信息指令向具体业务系统或模块发送,并接受反馈数据。通过查询统计功能,对整个运输过程进行全程跟踪。每一程运输的业务操作在海运、铁路等模块进行。多式联运委托管理流程图见图 3-6。

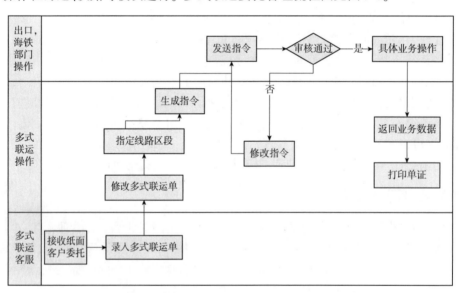

图 3-6 多式联运委托管理流程图

总部可导入新的 ODM 提供的原始文件到系统中,通过区段指令发送到各个 BU(Business Unit,业务单元),然后各 BU 按各自职能进行业务操作。

3.4.3.3 系统内数据接口

系统内数据接口是业务的根本前提。目前的实现方式为通过 BU 订舱实现系统内部的数据流转,即在客户委托生成的时候通过区段指令生成 BU 订舱的委托,向分公司订舱,然后分公司进行相关操作并反馈信息至原始委托。此 BU 订舱数据接口分为上行和下行两种方式。

下行数据为基于客户委托同步生成的 BU 订舱委托,以及后续的修改、调整信息。上行数据为 BU 订舱委托修改箱型、提单号、船名、航次、实装箱号、铁路相关信息等,是总部需要管理和监控的数据。此外,还需要考虑箱动态信息、异常信息、操作状态信息等的反馈和共享。

每段运输的操作人员录入箱动态信息,可以使货物各个状态的发生地点及时间得到及时、完整的记录,实现对货物的跟踪,便于业务的顺利进行,有效节省了时间,提高了运输效率。不同阶段业务规则信息内容见表 3-1。

不同阶段业务规则信息内容 表 3-1

阶 段	状 态 值	信 息 内 容
公路运输	收货	收货地点,收货时间,装箱时间,装箱状态和重量等
铁路运输	班列离开	班列起始地点,发车时间,发车状态和重量等
海运	班列到达堆场	班列到达地点,到达时间,到达状态和重量等
海运	货物到达堆场	预计开航日,实际开航日,起始港,船的状态(是否正常离港),预计到港日,目的港,重量等
海外代理	船到达目的港	实际的到达时间,过海关时间和重量等

3.4.3.4　EDI 接口

委托状态是指客户和操作员跟踪货物的运输情况,操作员在各个环节确认状况后录入相应的报文,通过发 EDI 报文将货物所处的状态、地点、时间等信息通知客户。报文形式主要分为 315 报文及 IFTSTA 报文两种。315 报文主要面向亚太地区和美国,IFTSTA 报文主要面向欧洲地区。以亚太地区的 315 报文的业务流程为例进行详细说明,系统操作界面见图 3-7。EDI 录入及发送流程图见图 3-8。其他区域的业务流程类似。

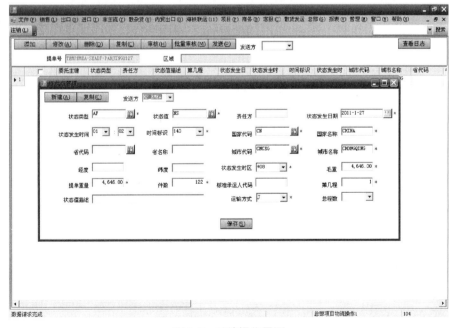

图 3-7　系统操作界面

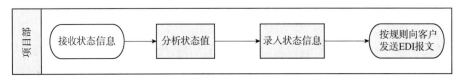

图 3-8 EDI 录入及发送流程图

各阶段操作员返回的状态信息按照表 3-2 的规则进行录入。

各阶段信息状态 表 3-2

阶 段	状态类型	状态描述	其他信息	程 数
公路运输	AF	Pick Up	按返回信息填写	1
	CO	Loaded Container		1
铁路运输	RL	Departure Rail From Origin	时间:班列发车时间 地点:货源地	2
	AR	Rail Arrive At Destination	时间:班列到达堆场时间 地点:堆场	2
海运	C	Estimated Departure	时间:预计开航日 地点:装货港	3
	VD	Vessel Departure	时间:实际开航日 地点:装货港	3
	AG	Estimated Delivery	时间:预计抵港日期 地点:卸货港	3
海外代理	VA	Vessel Arrival	时间:实际抵港时间 地点:实际卸货港	3
	CT	Customs Release		3
	J	Delivered To New Carrier		3

3.4.3.5 商务模块

商务模块的功能包括:汇率维护管理,项目结算组织机构管理,基准价格管理,费用管理,异常费用审批管理,垫付费用审批管理等。下面对业务操作的几个特色模块进行介绍。

1) 项目结算组织机构管理

根据项目物流公司间的结算关系和审核关系,从系统中抽取不同的公司重新构成项目组织机构,并赋予每个公司不同的权力,方便用户对项目进行管理。总部客服主要负责整体流程的把控,不同公司的权限随职责不同而异。这样不仅保证了数据的安全性,更可以有效避免错误的发生。

2) 基准价格管理

在整个项目中,定义一套完整的与供应商及客户结算的价格规则。在业务员实际操作过程中,只需要根据不同的结算项目选择预先在系统中定义好的价格即可,从而减少手工输入带来的错误,大大提高了工作效率,降低了操作的复杂度。标准费用协议维护的查询界面见图 3-9,可以查看、维护相关标准费用协议。

第3章 中欧陆海快线跨国供应链控制塔技术

图 3-9　标准费用协议的查询界面

3）费用管理

业务员录入的费用分为两类：应收费用明细和应付费用明细。所有的费用都需要根据一定的规则进行录入，使费用信息更明确，便于管理和操作。费用管理页面见图 3-10。

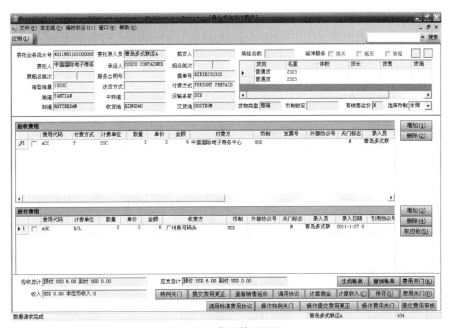

图 3-10　费用管理页面

4）异常费用审批管理

对于非标准协议费用，需要进行审核、确认。只有审核通过后，才可以录入费用。系统对费用的审核进行了严格的控制,提高了操作的安全性。异常费用审批流程图见图3-11。

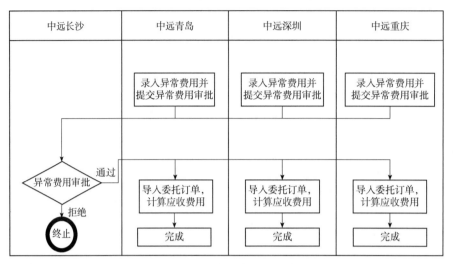

图 3-11　异常费用审批流程图

5)垫付费用审批管理

在实际业务当中,存在一定的垫付费用,这些费用需要在系统中进行审核、判断。垫付费用审批流程图见图3-12。

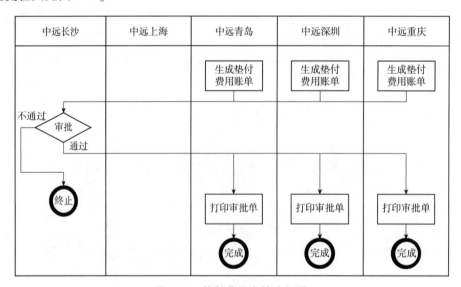

图 3-12　垫付费用审批流程图

第4章 中欧陆海快线跨国供应链协同信息系统对接和数据交换

4.1 系统对接和数据交换需求分析

在中欧陆海快线实施过程中,中远海运物流有限公司建设和完善了基于先进的控制塔技术的跨国多式联运供应链管理平台,对从中国到中东欧的复杂的跨国多式联运供应链全过程进行管理。随着客户的不断增多、信息技术的进步以及客户需求的不断增加,仍需对当前所用平台不断完善和升级,同时需总结形成相关推广方案和行业标准,向国内及"一带一路"沿线国家和地区的跨国多式联运供应链体系进行示范和推广。

经过初期在中远海运物流有限公司相关业务管理部门的调研,确定了中欧陆海快线跨国供应链协同信息系统对接和数据交换任务的主要需求点。

4.1.1 信息交换对象

中欧陆海快线是一个跨洲、跨多国、跨多种运输模式且有众多承运人和参与方的复杂供应链管理体系。目前,中远海运物流有限公司的控制塔系统主要限于与国内的物流服务商、政府机构(海关等)、国内客户和国外的部分大客户,以及中远海运物流有限公司国外分支机构间的互联和数据共享。因此,中欧陆海快线海外部分的供应链管理信息依然缺乏或滞后。由于国外各方面情况与国内不同,不可能像在国内那样逐一地和供应链物流参与方进行系统互联,因此与国外相关的供应链管理平台进行系统互联就成为比较可行而且高效的解决方案。例如,本项目合作方希腊国家科学院运输研究院及其技术合作伙伴TREDIT公司研发的SMART-CORRIDORS平台,就是覆盖希腊及邻近中东欧国家的物流与供应链管理平台,本项目与其实现系统互联,就可以在中欧陆海快线上对跨国智慧供应链管理平台间的对接进行技术验证,具有良好的示范作用。

4.1.2 交换信息数据

在上小节所述系统互联的基础上,需要与国外复杂的各种参与方实现数据交换和共享,实现动态数据的及时交换和业务上的协同。中欧陆海快线国外部分的主要物流过程如图4-1所示。

根据这个流程及相关参与方,中远海运物流有限公司需要得到如下节点的相关数据:

①船舶卸港/装港相关的装卸数据:包括但不限于装卸时间、装卸位置、装卸方向、船名、航次、集装箱属性(如箱号、尺寸、类型及残损情况)等。

②铁路运输段相关数据:包括但不限于班列装车完成的信息(时间、位置、箱号等)、出发

地、目的地、班列出发、班列到达、班列卸货等。

③公路运输段相关数据：包括但不限于装车完成的信息（车辆牌照、时间、位置、箱号等）、中转（如有）、抵达目的地、卸货、最终货物/集装箱签收、交付状态、空箱进铁路堆场/返空箱等。

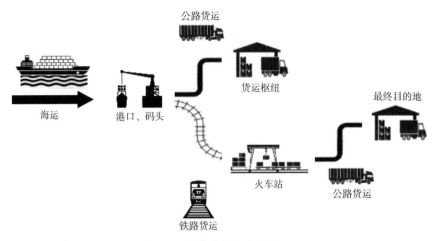

图 4-1　国外物流过程示意

图 4-2 展示了离岸物流货物状态及运输流程，由 SMART-CORRIDORS 平台进行沿线货物追踪、信息采集与共享。

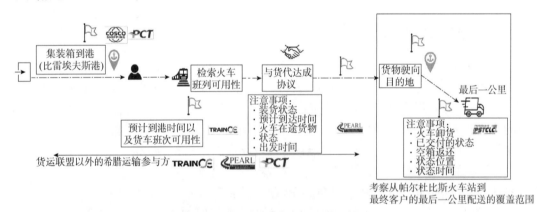

图 4-2　离岸物流货物状态及运输流程

4.1.3　信息交换接口规范

标准化是实现系统互联和数据交换共享的基础。没有标准化，数字化、智能化就是空话，所做成的系统互联和数据交换就缺乏广泛性和示范作用。特别是中欧陆海快线信息系统对接和数据交换研究面向的是跨洲、跨国的复杂多式联运供应链体系，必须遵循现有的相关国际标准体系，尽可能地使用较为成熟和应用广泛的先进标准，以使研究成果更容易在将来进行示范推广。主要考虑内容是：

①基本数据标准。遵循目前国际通用的标准体系，针对各类需交换的数据，确定数据结构、数据属性、数据项的设置和标签等。与外方平台认真讨论，以各方接受的标准格式固定下来，形成数据标准。

②系统互联的接口规范标准。系统互联的实现涉及多种相关的技术及其标准,例如互联的方式、通信规程、安全规范、接口规范、接口文件格式等。需要遵循目前国际通用的标准。与外方平台认真讨论,以各方接受的标准格式固定下来,形成互联的接口标准。

在讨论数据标准、系统互联和接口文件标准时,可以参考欧洲计算机协会制定的EMCAScript规范的JSON数据交换格式。JSON数据交换格式简洁,层次清晰,字符传输量少,可大大节约占用的带宽,具有更高的网络传输效率,使其成为理想的数据交换语言。该格式目前在全球发展迅猛,被主要的大型科技平台和企业广泛采用。

4.1.4 交换信息应用需求

4.1.4.1 全程合同物流管理

20世纪末,一些大型制造商开始认识到要进一步改进绩效,就需要针对整个供应链采取行动,而不只是优化运输、分拨和仓储等单个环节。与此同时,一些软件公司已可以提供成熟的软件来管理供应链信息,并对以前孤立的功能(如生产、客户关系管理、仓储和运输等)进行整体优化。

在这一背景下,出现了提供供应链管理服务的供应链总包商,通过整合和管理自身的以及其他服务提供商补充的资源、能力和技术,提供全面的供应链解决方案,涉及预测与需求计划、库存管理、成套服务、采购与订单管理和客户服务管理等整个供应链的过程管理(图4-3)。

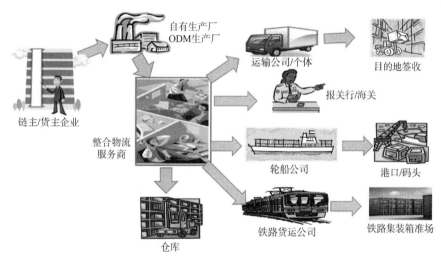

图4-3 供应链总包商一般操作流程

这个供应链总包商需要:

①有很高的专业水准,能设计并安排最佳的全程路径、运输模式、运抵时间,并协调管控链上全部承运人和服务商的服务。

②作为货主的单一服务接口,提供全年无休的服务,随时接收并执行货主的运输指令。

③向货主提供全链各环节的全部物流动态反馈,实现全程可视。

④遇到链上任何突发状况,及时做出应急反应采取补救措施,全程可控。

⑤能对服务全过程进行绩效考核,服务质量全程可量化。

目前的物流企业大都定位于根据客户要求提供一体化物流解决方案,其服务内容十分广

泛,可以覆盖企业的整个商务后端。归纳起来,包括以下几方面:

①订单履行:包括以运输为特征的运输模式选择与组织、集货、转运、配送等服务,以仓储为特征的存储、分拣、包装、装配、条形码及其他增值服务。

②信息管理:包括订单处理与跟踪查询、库存状态查询与决策、货物在途跟踪、运行绩效监测、管理报告等。

③客户交互:包括 Call Center(呼叫中心)服务,最终客户的退货、安装、调试、维修等销售支持服务等。

④相关服务:包括物流系统设计、清关、支付、费用结算、客户销售预测、客户商品促销等服务。

4.1.4.2 全周期的运输状态监控

中欧陆海快线跨国供应链运输的产品中,电子产品占据很大比重。以某常态化运营的电子产品运输业务为研究对象,详细分析该电子产品从国内的初始端到最终运输至捷克所经历的每一个环节,从而提高追溯的精确度。详细的流程如图4-4所示。根据该业务流程,可以将中欧陆海快线跨国供应链追溯的总体需求划分为5个环节,分别是:笔记本电脑产品采购与加工环节、公路运输(成品)环节、中欧陆海快线(公路运输)环节、中欧陆海快线(海上运输)环节以及中欧陆海快线环节(铁路运输)环节。

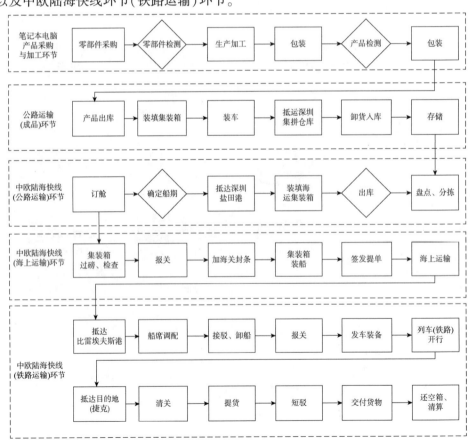

图4-4 中欧陆海快线跨国供应链流程图

4.1.4.3 客户运输信息服务

近年来,供应链物流运输行业的客户对运输信息服务提出了越来越高的要求,特别是可视化服务水平。

在"互联网+"时代,随着云计算、互联网、物联网、大数据、移动应用技术的应用,企业纷纷借助信息技术向数字化企业转型。现代物流正在利用智能化的技术手段推动物流系统化、全球化、透明化、智能化、服务专业化,全球物流企业正快速向精细化服务和管理转型。信息技术是现代物流的灵魂。通过现代物流业务与信息化的融合,实现可视化服务与管理,增强智能决策力,是实现物流服务客户化、精细化、敏捷化的捷径,是塑造新的核心竞争能力的突破口。

为此,应通过综合运用计算机及网络技术、全球定位技术、地理信息技术、通信技术、电子数据交换技术、自动识别采集技术等,实时、准确地获取和处理物流运输的数字化信息,并对物流活动进行有效控制。如果将运输活动的关键过程、关键节点动态直观地展现给客户,将使客户能及时、准确地掌握物资的位置、状况、活动等信息,辅助提高其管理与决策水平,客户的满意度将大幅提升。

4.2 希腊 SMART-CORRIDORS 平台

4.2.1 背景与目标

海运贸易具有重要的战略意义,其贸易量占世界商品贸易量的80%以上,运送货物的价值占世界商品贸易价值的70%以上。2016年,全球集装箱贸易增长3.1%,预计2017年至2022年的复合年增长率为5%。

全球供应链竞争力、国际货运走廊附加值的提升取决于诸多因素,其中技术创新是重要一环。SMART-CORRIDORS 的主要目标是通过采用智能供应链和智能走廊管理技术与工具来提升中欧陆海快线的竞争力。

4.2.2 平台架构

SMART-CORRIDORS 平台旨在促进 API 的使用,通过建立货运数据空间原型,开发货运数据,同时考虑现有的相关平台(运输监控平台、集装箱码头操作系统、港口社区系统等),最终通过 API 公开其提供的服务来提升数据共享和开放能力。这个协议的 API 层(SMART-CORRIDORS iCCP 连接层)通过与识别、认证和授权相关的服务进行管理和支持,基于支持 eFTI 的句法数据模型。

使用的数据模型为支持 eFTI 的句法数据模型(例如 MMT-RDM)。SMART-CORRIDORS 平台架构如图 4-5 所示。

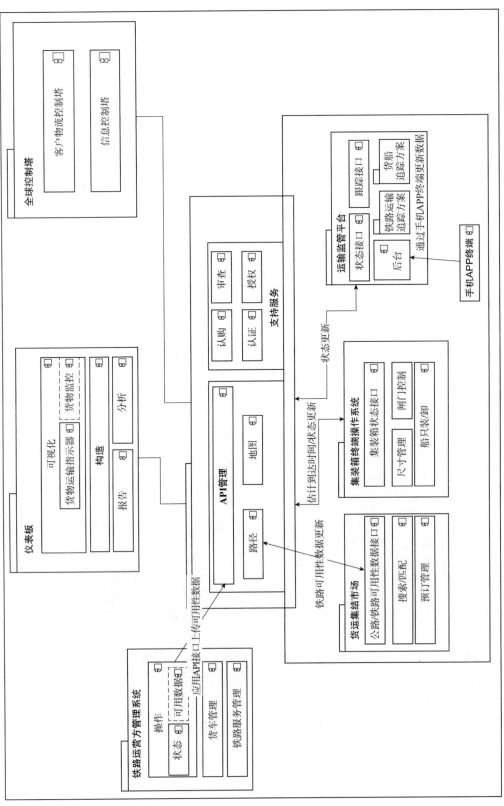

图4-5 SMART-CORRIDORS平台架构

整体架构由以下几层组成:

①底层:即现有的与运输相关的应用程序和服务。该层由现有的应用程序和服务组成,这些应用程序和服务将成为建立数据空间的核心基础设施。在 SMART-CORRIDORS 平台的框架内,该层主要由 TREDIT 现有的货运信息服务平台 FRETIS 组成。FRETIS 平台则基于几个与货运相关的应用程序(例如铁路管理应用程序、车队管理应用程序、交付证明和码头操作系统)构成。这组核心应用程序是未来核心货运数据产生的支柱,SMART-CORRIDORS 平台需要在其上建立数据共享基础设施。在不改变整体概念的情况下,SMART-CORRIDORS 平台考虑使用另一个终端操作系统来代替 FRETIS 的终端操作系统(FRETIS-IFT 应用程序)。

②SMART-CORRIDORS iCCP 连接层:该层是 SMART-CORRIDORS 的主要产品之一,支持 API 管理和典型的身份验证/授权和审计服务,并将底层服务公开给第三方或外部应用程序。该层支持数据格式之间相互映射与转换,以扩展应用。

③SMART-CORRIDORS 仪表板层:SMART-CORRIDORS 仪表板层是该项目的主要物理架构之一。仪表板应用程序向其订阅者提供分析和报告,既可以通过数据源连接层进行公开,也可使用其他数据源。因此,仪表板层应用程序设置于连接层之外。底层连接层的身份验证和授权服务可用于为 SMART-CORRIDORS 应用程序/服务捆绑包的所有注册用户提供单点登录环境。

④全球控制塔层:全球控制塔层是整体架构的核心层。提供客户物流 Customer Logistics i-Control Tower(CLiT)和 Message Control Tower(MCT)解决方案,专注于物流数字孪生的建立。CLiT 是一种物流管理解决方案,提供多种功能来支持物流运营团队进行货运管理。CLiT 与 SMART-CORRIDORS iCCP 连接层通过 MCT 进行交互,以接收运输状态更新(例如集装箱码头内的铁路状态更新)。

⑤第三方应用程序和服务:该层考虑不属于同一货运数据空间的利益相关者的第三方应用程序(例如铁路管理系统),这些第三方实体可以建立不同的数据空间,与系统内其他部分的交互将通过 SMART-CORRIDORS iCCP 连接层进行。

⑥智能走廊平台 API 层(智能走廊连接层):该层增强 FRETIS 平台服务功能,如图 4-6 所示。该层将使可用信息通过特定的 API 进行公开,其核心功能和设计原则包括以下几点:

- API 的使用:考虑到身份验证和授权规则,FRETIS 平台内所有可用的数据/服务都可以通过 API 层向其他客户端公开。
- Swagger:平台 API 用户界面友好,可以使用 API 文档软件 Swagger 获得。
- 认证/授权:设置有特定的模块支持对 API 服务/方法的总体访问的管理。

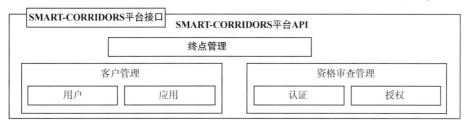

图 4-6 智能走廊平台 API

智能走廊连接层能够提供认证,使其应用者能够安全访问底层 API 端点。具体包括:
①认证授权。确保访问 API 的用户是被授权使用 API 的人。
②日志记录。记录 API 的访问历史、请求内容、API 的响应。
③转换。提供转换功能,供其他服务处理。
④速率限制和配额。执行使用规则,确保用户访问 API 的次数不超过允许限制。
⑤开发人员访问。提供最终用户(例如外部客户端)注册方式,以便他们能够使用 API。
⑥监控和警报。监控 API 流量和错误,并在发生特定事件时向管理员发出警报。
⑦报告。创建 API 的性能、使用情况等的报告。

4.2.3 SMART-CORRIDORS 平台功能

SMART-CORRIDORS 平台侧重于 ICT 技术的开发和优化利用,以支持不同参与者之间的信息交流,并确保端到端供应链的可见性,重点关注海运-铁路一体化过程、多式联运链可见性过程。

为支持"一带一路"倡议,将比雷埃夫斯集装箱码头口岸建设成为中欧陆海快线的重要码头,SMART-CORRIDORS 平台与中远海运 MCT 系统多式联运信息欧洲端的陆路运输系统相结合,依托中欧陆海快线运输廊道,重点关注上述应用流程。

此外,海运-铁路一体化和可见性密切相关。在 SMART-CORRIDORS 项目中,提出了一个用于智能供应链和智能多式联运走廊管理的协作平台。其功能包括:

①统一的消息传递平台。允许轻松地调整平台,以从任何数据源接收新的格式/标准消息。扩展了现有类似平台的功能。专门开发了特定的自定义接口,以适应新的数据源,方便匹配、合并数据,并将不同的数据源以一种智能的方式结合在一起,并基于特定的业务标准,允许做出更明智的决策。

②丰富数据。允许在协作平台的基础上构建新的服务,以提供高级增值服务(例如,根据收到的货物、车辆、船只、火车的位置,提供预计到达时间的实时更新)。

③增强可见性。为运输服务能力与可用性发布提供统一的方式。通过特定的身份验证机制增强了安全性。研究单点登录解决方案,以实现无缝认证体验。

上述支持智能多式联运走廊并实现智能供应链管理的协作平台功能模块如图 4-7 所示。

协作平台提供了连接层,允许从各种数据源或应用程序(服务)检索、更新数据。连接层可通过一系列 API 服务启用,这些服务可以通过提供数据转换的处理/映射功能进一步增强(在供应链参与者使用的各种标准和协议之间进行映射)。

互操作层还通过提供数据整合服务(例如,组合不同的数据源来提供智能通知)和向上游连接平台提供高级报告来进一步丰富数据。该层允许组合服务配置(例如,业务规则和标准),并提供一系列报告/接口功能(例如,向授权订阅者、适配器直接推送通知)。

最后,SMART-CORRIDORS 平台通过启用身份验证、授权和审计功能,保障数据交换的安全性。协作平台的建立将考虑现有的不同运输方式的平台和数据类型。

目前,FRETIS 平台由 FRETIS Connect 支持,提供中介机制,允许通过一组已建立的 Web

服务从各种数据源(例如,来自各自传感器的 RFID 数据、车载设备的远程信息处理数据、仓库管理系统的配送订单)收集数据。FRETIS Connect 机制将被用作协作平台内连接层的基础服务。

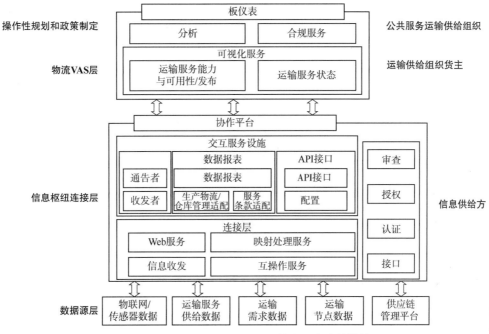

图 4-7 SMART-CORRIDORS 协作平台功能模块

4.3 中远海运物流有限公司电子产品物流管理系统

4.3.1 系统总体架构

中远海运物流有限公司自从 2010 年重庆电子产品物流项目上线以来,逐渐形成了多客户、多项目的渝深线物流操作流程。从 2012 年开始,逐步拓展到深圳、上海、武汉、福清、中山、东莞等多地发运,并在希腊比雷埃夫斯港设立 Cross-Docking Center,为客户提供包括国内提货、短驳、报关、铁路、长途陆运、海运、海外仓储、海外报关、二程海运、二程陆运及二程铁路运输在内的服务(图 4-8)。为了优化操作、提高效率、降低差错率、提供绩效分析数据、降低风险、增强客户绑定度、提升项目的可复制性和延展性,开发了一套供应链电子产品物流管理系统(简称"MCT 系统")。

4.3.2 MCT 系统功能

MCT 系统具有以下功能:
①支持合同物流从报价到签订协议、到订单流转的总体业务流程,实现合同管理、合同执行、各类运输单证(如货代提单)的创建和管理及合同结算的全生命周期管理。

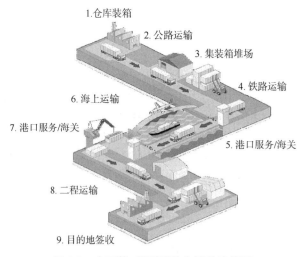

图 4-8　全面的、端到端的合同物流管理

②信用管理：

——实现结算信用期管理，在往来挂账时按照合同条款或约定计算出结算周期，可用于账龄的确认。

——实现风险信用管理，在客户主数据中根据信用评级得出的最长赊账周期和最高赊销金额设定风险信用期和风险信用额度。

③全周期的运输状态监控：

——支持端到端的状态采集、查询、跟踪，各类运输单证状态的采集和跟踪，资金收付与结算状态的跟踪。

——在 TM/EM(Transportation Management/Event Management，运输管理/事件管理)中，能监控向客户发送的 EDI 报文的状态。此状态是指指定的报文是否从 TM/EM 发出，或者被接收。

——根据项目、客户特点，自定义各个运输节点的事件和触发时点。

——支持异常事件的跟踪、报告和关闭处理。

④与客户系统的及时、准确对接：通过 SAP 系统进行信息交换、处理，提升与客户的绑定度和集成度，实现高效、及时、准确的对接。实现同客户的数据交换、同现有供应商之间的数据交换以及同运输企业的数据共享。

4.3.3　MCT 系统模块

MCT 系统是在全面梳理供应链第三方物流需求，采用先进的数字化技术、物流管理思想、行业共性标准和国际标准的基础上建立的一个面向产业链供应链服务的通用第三方物流服务平台。MCT 系统在电子产品物流项目得到成功应用，并拓展到多个电子产品类客户乃至其他行业的客户，具有可复制性。MCT 系统主要功能模块包括：

1) 客户订单监控

在客户订单监控界面(图 4-9)搜索框内输入客户的 Shipment ID，可以进行订单状态查询，还可以输入多个 Shipment ID 进行批量查询。在没有录入 Shipment ID 时，系统会默认展示近30日内未生成三程出货信息的货物。

图 4-9　客户订单监控界面

2) 报关报文监控

在报关报文监控界面(图 4-10)输入客户的 Shipment ID,可以进行报关报文状态查询,还可以输入多个 Shipment ID 进行批量查询。

图 4-10　报关报文监控界面

3) 希腊 Cross-dock 事件监控

在希腊 Cross-dock 事件监控界面(图 4-11)搜索框内输入客户的 Shipment ID,可以进行希腊 Cross-dock 事件查询,还可以输入多个 Shipment ID 进行批量查询。

图 4-11　希腊 Cross-dock 事件监控界面

4) 船期表及订舱查询

(1) 船期表查询

点击"Sailing Schedules"进入船期表查询界面(图 4-12)。必输选项有起运港口以及目的港口,可选项有 ETD(预计离港时间)范围以及 ETA(预计到达时间)。

图 4-12　船期表查询界面

（2）订舱查询

点击"Booking Status"进入订舱查询界面（图 4-13）。可根据订单编号或者订舱号进行查询。

图 4-13　订舱查询界面

5）全程货物事件追踪

（1）全程货物事件查询

点击"Shipment Event"进入端到端全程货物（集装箱）事件查询界面（图 4-14）。用户可根据"某一船名+航次"查询此船名、航次下所有集装箱事件，也可以根据箱号批量查询箱的事件状态。在展示区左侧点击"SELECTOR"按键，可以自定义展示的事件项。

图 4-14　全程货物事件查询界面

（2）海运地图

点击"Shipment Map"进入海运地图界面，可以输入船名检索船所在位置。

搜索船名后,在弹出窗口中选择船舶轨迹功能,可以按时间范围搜索此船的轨迹;选择船期信息功能,可以查询船期表(图4-15)。

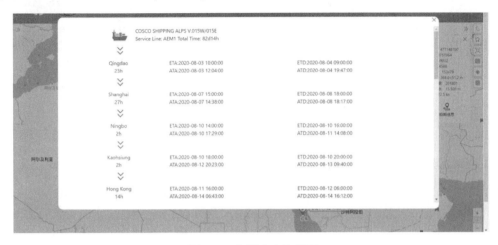

图 4-15 船期表查询界面

左侧展示此船运载的所有箱号。点击某一箱号,右下区域会展示此箱的事件列表;如果此箱包含客户货物,则会在左下区域展示货物具体信息(图4-16)。可以选择是否在界面展示经纬度、洋区,还可以选择地图模式。

图 4-16 客户货物具体信息展示界面

6)中欧陆海快线业务管理及数据分析

(1)中欧陆海快线业务管理

在 Biz-Data Analysis 中点击"Land-sea Express",进入中欧陆海快线业务管理界面。选择要导入的订单文件,将中欧陆海快线业务订单信息导入系统(图4-17)。

点击"Import Sales",选择业务日期、业务年度、业务周以及要导入的销售数据文件,将中欧陆海快线业务销售数据导入系统(图4-18)。

在检索栏输入相应的条件,可以搜索出相应的中欧陆海快线业务数据(图4-19)。

点击"Export LSE Report",选择要导入的销售数据文件,将中欧陆海快线业务销售数据导入系统。

图 4-17 订单信息导入界面

图 4-18 销售数据导入界面

图 4-19 中欧陆海快线业务查询界面

（2）数据统计

在 Biz-Data Analysis 中点击"Biz-Data Process"，可以进入数据统计界面（图 4-20），进行相关数据统计。

（3）客户主数据维护

在 Biz-Data Analysis 中点击"Customer"，进入客户主数据维护界面（图 4-21），可以进行客户主数据维护。

（4）地点数据维护

在 Biz-Data Analysis 中点击"Location"，进入地点主数据维护界面（图 4-22），进行地点主数据维护。

图 4-20　数据统计界面

图 4-21　客户主数据维护界面

图 4-22　地点主数据维护界面

(5) 货类查询

在 Biz-Data Analysis 中点击"Cargo type",进入货类查询界面(图 4-23),可以进行货类查询。

图 4-23　货类查询界面

（6）KPI 查询

在 Biz-Data Analysis 中点击"KPI 查询",进入 KPI 查询界面(图 4-24),可以进行 KPI 查询。

图 4-24　KPI 查询界面

（7）集运数据对比

在 Biz-Data Analysis 中点击"与集运事件比对",进入集运数据对比界面(图 4-25)。

图 4-25　集运数据对比界面

（8）数据分析

在 Biz-Data Analysis 中点击"Data monitor",进入数据分析界面(图 4-26),可以进行业务数据统计分析。

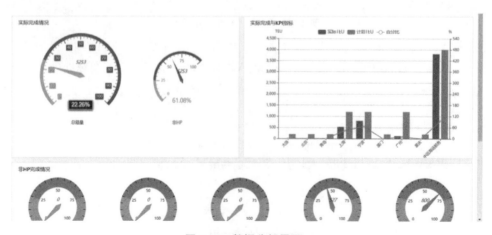

图 4-26　数据分析界面

(9)预期分析

在 Biz-Data Analysis 中点击"Data monitor",进入数据分析界面,进行预期数据分析。

7)报文日志监控

点击"Message Log",进入报文日志监控界面(图 4-27)。可以通过三种方式检索报文:根据"客户货物编号+报文类型"进行报文检索;根据"关键字+报文类型"进行报文检索;根据消息号、文件名或者"时间范围+报文类型"进行报文检索。

图 4-27 报文日志监控界面

4.4 跨国供应链系统数据交换技术分析

国际贸易、物流供应链等领域常用的数据交换方式为 EDI。EDI 遵从相关的国际标准,使得业务数据按照特定结构或是标准的报文格式,通过网络,从一个业务系统传输到另一个业务系统,在企业之间自动传输标准格式的电子形式的订单、发票、库存报告等业务单据。

计算机领域的数据交换通过 API 接口来实现。API 为应用程序、开发人员提供了访问一组例程的能力,而无须访问源码或理解内部工作机制的细节。API 主要分为 Windows API 和 Linux API。

随着软件规模的日益庞大,需要把复杂系统划分成小的组成部分,因而编程接口的设计十分重要。程序设计的实践中,编程接口的设计首先要使系统的职责得到合理划分。良好的接口设计可以减弱系统各部分的相互依赖,提高组成单元的内聚性,降低组成单元间的耦合程度,从而提高系统的维护性和扩展性。

4.4.1 数据交换基础架构分析

4.4.1.1 跨国通信网络基础设施

企业进行国际网络访问时,常会遇到如下问题:①国外网站服务器无法打开或打开缓慢;②国外分公司或合作伙伴无法访问国内服务器。

出现以上情况的原因在于:国内企业只能通过电信、联通、移动、教育网、科技网等统一的国际出口访问国际网络,好比成千上万的河流要汇聚入海,但入海口却非常小,造成大量数据堵塞、丢失,影响企业国际通信。

对此,比较成熟的解决方案是利用跨国 VPN(Virtual Private Network,虚拟专用网络)。可以把 VPN 理解成是虚拟的内部专线,它可以通过特殊的加密通信协议,在 Internet 上位于不同地方的两个或多个企业的内部网之间建立一条专有的、临时的、安全的通信线路,进行加密通信,就像架设了一条专线,但是并不需要真正地铺设光缆之类的物理线路。VPN 网关通过对数据包的加密和数据包目标地址的转换实现远程访问。VPN 有多种分类方式,主要是按协议进行分类。VPN 可通过硬件、软件等多种方式实现。

另外一种方案是找网络运营商以及拥有海外资源的国际运营商开通国际出口互联网专线,相当于给企业开通了一个专属通道,允许其数据通过专有虚拟通道出入,从而解决国际网络访问的问题。

4.4.1.2 数据传输方式

在 TCP/IP 模型中,应用层提供的服务相当于 OSI 模型❶的应用层、表示层和会话层的服务的总和,包含了 OSI 模型中管理通信连接的会话层功能、转换数据格式的表示层功能、进行主机间交互的应用层功能(图 4-28)。

本书只重点讨论 OSI 模型的应用层涉及的协议。

应用层的目的是向应用程序提供网络接口,直接向用户提供服务。常见的应用层协议有 HTTP/HTTPS、SSH、SMTP 等(图 4-29)。

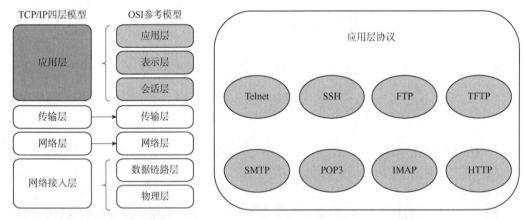

图 4-28　TCP/IP 模型与 OSI 模型的对比　　　图 4-29　OSI 模型应用层协议

使用 API 调用作为传输方式时,最常用的应用层协议是 HTTP/HTTPS。API 接口的设计者通常需要考虑连接安全性(例如:使用哪种身份认证方式、token 需要动态获取还是永久授权等)、授权管理和用户管理。此外,设计者还需要考虑接口的并发性能,能否被多个调用方同时调用或频繁多次调用。对于 API 接口的调用者,不同 API 接口的安全认证方式差异较大,需要编写大量的代码进行定制化开发;若遇到 API 响应较慢,或存在性能问题,接口调用者的体验会很差,还需考虑调用失败后的容错机制和重发机制等。

---

❶ OSI 模型:Open System Interconnection Reference Model,即"开放式系统互联通信参考模型"。

使用 EDI 作为传输方式时，最常用的是 AS2 传输协议和 OFTP2 传输协议，这些传输协议都需要通过国际机构的互操作性认证。其中包含了对异常事件的格式化处理手段，例如断点续传、发送失败自动重发、使用回执确保不可抵赖、第三方证书授权机构颁发证书用于签名加密的安全保障等，只需要在设置时勾选相应功能，不需要任何代码。

以对接沃尔玛为例，沃尔玛提供了 API 和 EDI 两种对接方案。供应商在向沃尔玛请求获取订单时，如果选择 API 调用，就需要定时向沃尔玛发送请求，建立连接，主动获取订单；而如果使用 EDI，沃尔玛产生订单后会主动推送至客户系统，无须重复请求。在订单量较大的情况下，API 调用还有可能存在并发问题，因此沃尔玛要求供应商预计一年的订单量会超过 15000 单时必须使用 EDI 来对接。

API 和 EDI 的关系不是非此即彼。企业可以对两者进行融合，在实现标准化的同时，更贴近自身的业务。

总的来说，API 和 EDI 各有优劣（表 4-1）。API 的技术门槛更高，需要专业开发人员才能实现，但其使用范围更广，功能也比 EDI 更强。

API 与 EDI 主要区别　　　　　　　　　　　　　　　　表 4-1

项目	API	EDI
数据结构	1.由企业自定义，需要较高的技术和业务能力。 2.结构灵活，容易改变。 3.一般不易保证向前兼容性	1.国际组织定义的商业文档标准结构，全球通用。 2.涵盖绝大多数业务场景，结构固定。 3.版本一致，兼容程度高
数据格式	选择多样化，CSV、XML、JSON 等	X12、EDIFACT、VDA 标准报文，标准化程度高，易于维护
数据传输	1.传输协议多种多样，比如 REST、SOAP、Web API 等。 2.安全策略、收发流程等需要额外代码实现，开发成本较高。 3.没有标准的接收回执，防抵赖机制欠缺。 4.没有统一的互操作性测试	1.统一的传输协议，比如 AS2、OFTP。 2.简单配置即可实现连接，无开发成本。 3.协议内置接收回执和防抵赖机制。 4.多种互操作性测试，保证开箱即用

4.4.1.3　数据结构

在国际贸易领域，传统的电子数据格式主要是 EDI 格式。EDI 格式的选择余地很小，标准化程度很高。虽然数据格式仅是数据的表现形式，没有优劣之分，但是数据格式的多样化可能会产生更多的沟通成本，从而导致一些问题。

随着计算机与互联网行业的发展，应用层产生了新的数据结构。API 对接方式中，一般是 API 的设计者根据企业自身的业务逻辑设计数据结构，IT 人员和业务人员需要进行充分深入的沟通，对要实现的业务功能达成共识，并适度考虑超前配置，预测未来可能出现的变动。企业在和合作伙伴使用 API 方式集成时，如果不能充分沟通、达成共识，就难以开发符合应用实际的 API 数据结构。此外，企业业务扩展后，修改 API 的数据格式就会变得尤为困难：一方面，开发工作量显著增加；另一方面，之前已经完成对接的合作伙伴的程序设计也需要进行改变，双方重新启动业务测试，沟通成本和工作量会大大增加。

相比而言，EDI 格式拥有经典的数据结构，兼容常见业务，在全球范围内通用，并且支持业务扩展,在扩展时不会影响到之前已经实现的合作伙伴。EDI 格式是国际组织历时数十年开发和完善而成的,在大量企业得到应用,其有效性得到充分验证。

4.4.2 数据交换接口设计

4.4.2.1 系统对接层

SMART-CORRIDORS 平台提供用于数据交换的 API(图 4-30),其核心功能和设计原则如下:

①身份验证与授权:所有可获得的数据或服务通过 API 暴露给其他客户端时,均需要遵循服务端身份验证和授权规则。确保所有对 API 的请求,通过验证授权后方可提供服务。

②日志记录:对于访问 API 的消息请求体以及返回消息进行详细的记录。

③转换:数据的请求与返回需要经过上游服务的处理与转换。

④访问速率的限制与指标:确保所有对 API 访问、调用的次数不会超过设定限制。

⑤开发者访问:提供对 API 客户端开发者的注册方式,使其能使用 API。

⑥监控与报警机制:提供对 API 阻塞及错误的监控并向管理员提供特定事件的报警。

⑦报告功能:生成检测 API 运行性能、使用情况等状况的报告。

⑧Swagger:API 文档需用 Swagger 描述。

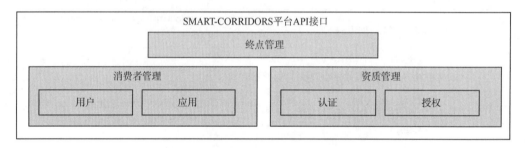

图 4-30 SMART-CORRIDORS 平台 API

4.4.2.2 货物运输动态追踪

不同平台之间关于运输动态/货物动态的数据交换 UML(Unified Modeling Language,统一建模语言)时序图见图 4-31,涉及 Freight Forwarder 运输管理系统、SMART-CORRIDORS 平台、铁路跟踪系统和集装箱场站操作系统。

货运代理可以发起请求到 SMART-CORRIDORS 平台对接层 API,之后会被转发给铁路跟踪系统或者集装箱场站操作系统,调取铁路货物动态信息,并返回货运代理的运输管理系统。

4.4.2.3 API 接口设计

货运动态 API 接口报文以 JSON 格式进行设计。向 API 发送请求后,获得的响应报文参数见表 4-2。

第4章 中欧陆海快线跨国供应链协同信息系统对接和数据交换

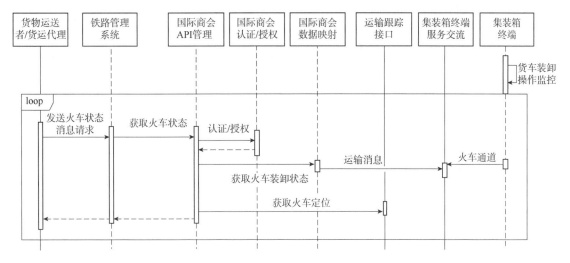

图 4-31 货物动态追踪进度

向 API 发送请求后获得的响应报文参数 表 4-2

参 数	数据类型	描 述	样 例
container	String	集装箱号	AMFU1234567
billoflading	String	提单号	BILL0001567890
statuses	Array	货物动态列表	
status	String	货物动态名称	On-rail
statuslocation	String	货物动态地点	GRPIR
statustime	Date	货物动态时间	2021-11-27T13:35:08.457Z
statusprovider	String	货物动态提供者	PCT

所提供的货物动态参数样例如下：

```
{
    "container":"AMFU1234567",
    "billoflading":"BILL0001567890",
    "statuses":[
      {
        "status":"On-rail",
        "statuslocation":"GRPIR",
        "statustime":"2021-11-27T13:35:08.457Z",
        "statusprovider":"PCT"
      },
      {
```

```
            "status":"Departure from origin",
            "statuslocation":"GRPIR",
            "statustime":"2021-11-27T14:50:08.457Z",
            "statusprovider":"PEARL"
        },
        {
            "status":"Arrival at destination",
            "statuslocation":"GRSKG",
            "statustime":"2021-11-27T20:10:08.457Z",
            "statusprovider":"PEARL"
        },
        {
            "status":"Departure from origin",
            "statuslocation":"GRSKG",
            "statustime":"2021-11-28T06:50:08.457Z",
            "statusprovider":"PEARL"
        }
    ],
    "requesttimestamp":"2021-11-28T10:50:08.457Z"
}
```

4.4.3 数据交换触发流程

中方作为数据需求方,将主动触发数据请求。从触发请求到获得数据的整个流程(图4-32)如下:

①中远海运物流有限公司用户在 SAP EM 中生成需汇报给客户的货物状态。

②SAP EM 关联到 SAP TM 中相应的货物列表,即集装箱号列表。

③将集装箱号列表以及所需汇报货物状态的名称主动发送到 MCT 系统的 API。

④MCT 系统解析后,生成满足 SMART-CORRIDORS 平台 API 规则的报文,发送给 SMART-CORRIDORS 平台。

⑤SMART-CORRIDORS 平台接收到请求后,转发至铁路跟踪系统或集装箱场站操作系统,获取货物动态信息。

⑥获取货物实际数据后,数据将按逆向顺序依次返回最初的 SAP EM 系统,完成原始需求。

4.4.4 数据监控

数据监控功能将会在货物动态追踪微服务中进行设计。

在上节 4.1 所提的数据流程中,由 SAP TM 至控制塔系统的这一阶段货物动态数据调用需要内部定制化开发。控制塔系统需要建立 API server 端来接收请求,于是设计了基于 RESTFUL 风格 API 接口设计文档。

图 4-32　客户端请求接口数据操作流程

控制塔系统在接收数据请求后,也需要具备转发、监控此请求的能力。在 4.2 节中提到,SMART-CORRIDORS 平台 API 的设计基于 swagger 框架。控制塔系统可根据 swagger 描述文档进行 API 客户端代码的自动生成,与从 SAP TM 收到的数据请求进行适配融合,从而向希腊 SMART-CORRIDORS 平台发送货物动态信息请求,与此同时,利用 3.2 节所介绍的控制塔微服务体系下的 ELK 中间件,对此部分功能的日志进行设计并管理,起到每则消息的全面监控。

4.5　系统对接和数据交换示范应用

4.5.1　中欧陆海快线跨国供应链示范应用场景

在中欧陆海快线场景下,为研究中方获取的欧洲铁路段货物动态数据的完整性、准确性和及时性,对比示范流程和原有流程中系统接收货物动态数据的时间与货物动态实际发生时间的差值。

此示范由中远海运科技(北京)有限公司的 MCT 系统与希腊 Tredit 公司的 SMART-CORRIDORS 平台进行对接,中远海运物流有限公司提供来源于真实场景的物流数据,共同协作完成。

4.5.2　系统对接操作流程

第一阶段,由 SMART-CORRIDORS 平台提供查询货物动态的 API,MCT 系统每隔 1h 根据集装箱号与相关提单号发送请求,直到获取集装箱的所有货物动态后不再轮询,API 返回的结果将持续更新至 MCT 数据库。之后,MCT 系统将货物动态通过与 SAP TM 之间的接口发送至 SAP TM,在 SAP TM 将货物动态与其他数据源的数据进行比对。上述流程见图 4-33。

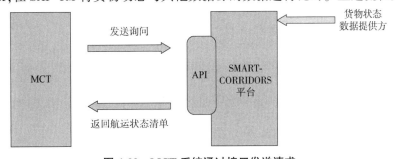

图 4-33　MCT 系统通过接口发送请求

第二阶段，系统流程升级改造，MCT 系统在货物到港前向 SMART-CORRIDORS 平台发送集装箱号及相关提单号清单，SMART-CORRIDORS 平台预存清单，一旦 SMART-CORRIDORS 平台获取了此清单上货物的任何事件动态，都将推送至 MCT 系统提供的 API。随后，MCT 系统通过与 SAP TM 的接口，将货物动态发送至 SAP TM，最终在 SAP TM 将货物动态与其他数据源的数据进行比对。上述流程见图 4-34。

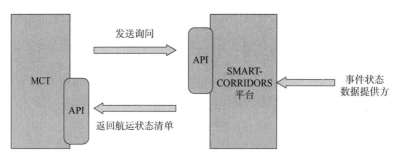

图 4-34　SMART-CORRIDORS 平台发送事件动态至接口

4.5.3　数据交换操作流程

4.5.3.1　创建代运订单

Fowarding Order 简写为"FWO"，在 SAP TM 里意为代运订单。创建 FWO 时，不论是通过导入模板创建还是手动创建，应注意场景。

1）通过导入模板创建 FWO

准备 FWO 导入模板。注意凭证类型。登录 SAPGUI，点击"增强平台→二期→导入生成 FWO-NEW"，见图 4-35。

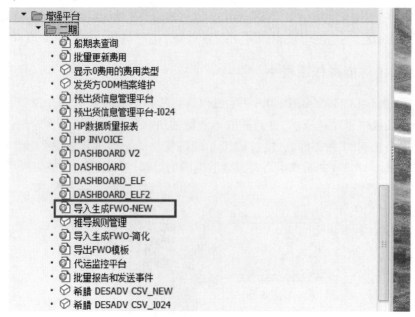

图 4-35　点击路径

进入如图4-36所示的界面，点击"浏览"并找到准备好的FWO模板，点击"打开"，然后点击"上传"，新数据行显示出来。之后点击"导入全部"。

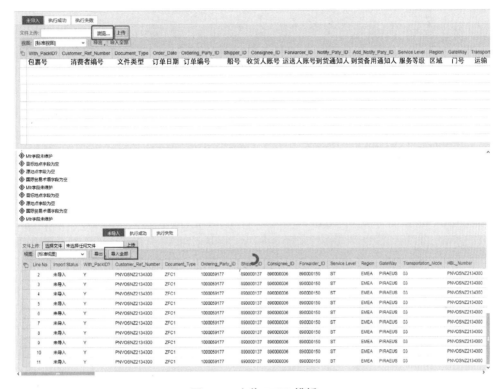

图4-36　上传FWO模板

成功后，会出现"导入成功"字样。此时点击"执行成功"。界面显示新生成的FWO代运订单号链接，点击可进入FWO，见图4-37。

2）手动创建FWO

在主界面中点击"代运单管理→代运单→创建代运单"，如图4-38所示，进入如图4-39所示的界面。

输入代运单类型，点击"Enter"键，系统会自动生成部分数据，如有需要可补充其他信息，见图4-40。

点击左上角的"继续"，进入代运单详细界面，补全业务伙伴（图4-41）、位置日期/时间（图4-42）、实际路线（图4-43）、一般数据（图4-44）、PKG（包裹）层的货物信息（图4-45）、PKG（包裹）层的凭证参考（图4-46）等内容。

4.5.3.2　编辑代运单

点击"代运单管理→代运单→编辑代运单"，进入代运单管理界面（图4-47）。

4.5.3.3　查询代运单

1）在未知代运单号的情况下进行查询

点击"增强平台→二期→代运监控平台"，进入代运单查询界面（图4-48）。

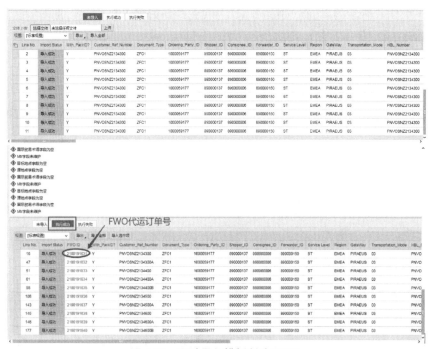

图 4-37 通过导入模板创建 FWO

图 4-38 点击路径

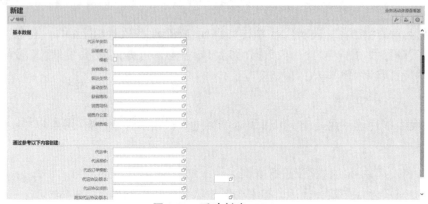

图 4-39 手动创建 FWO

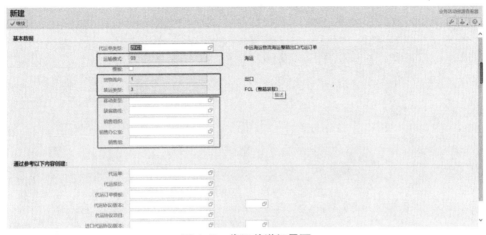

图 4-40　代运单详细界面

图 4-41　业务伙伴信息

图 4-42　位置日期/时间信息

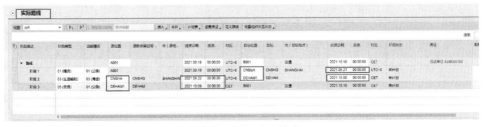

图 4-43　实际路线信息

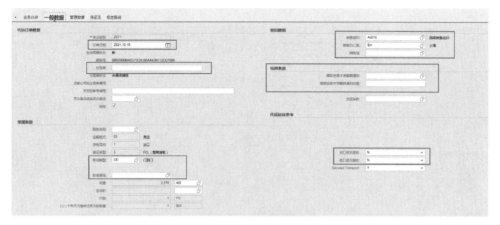

图 4-44 一般数据

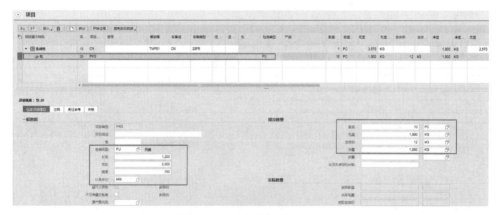

图 4-45 PKG 层的货物信息

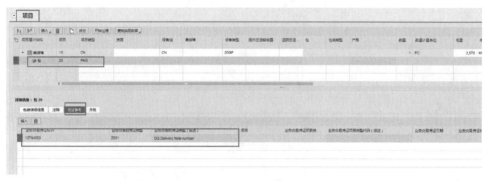

图 4-46 PKG 层的凭证参考

填写买方参考号或 PACKID,或者其他掌握的信息,点击左上角的"检索"(图 4-49)。

下拉页面,即可看到查询结果(图 4-50)。点击代运单号,即可进入该代运单详细信息页面。

2)在已知代运单号的情况下进行查询

点击"代运单管理→代运单→显示代运单"(图 4-51)。

图 4-47　代运单管理界面

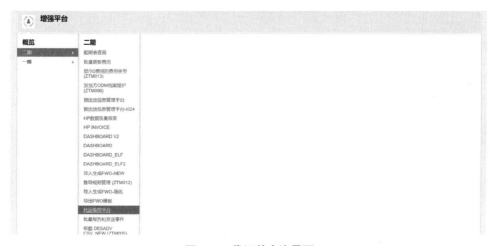

图 4-48　代运单查询界面

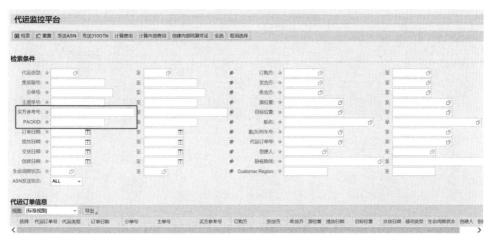

图 4-49　代运监控平台界面

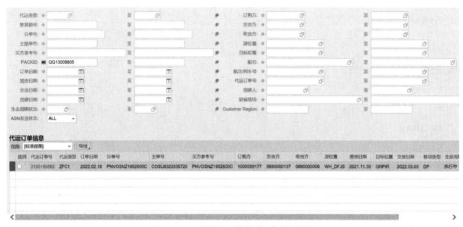

图 4-50　代运订单信息查询界面

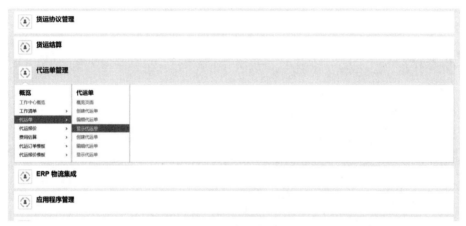

图 4-51　代运单显示界面

输入代运单号,点击左上角的"继续"(图 4-52)。

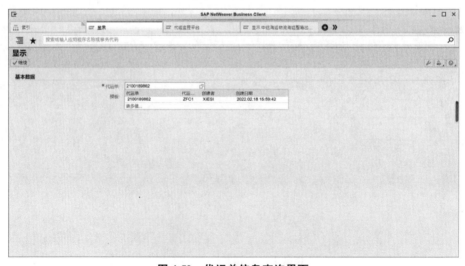

图 4-52　代运单信息查询界面

进入该代运单详细信息页面(图 4-53)。

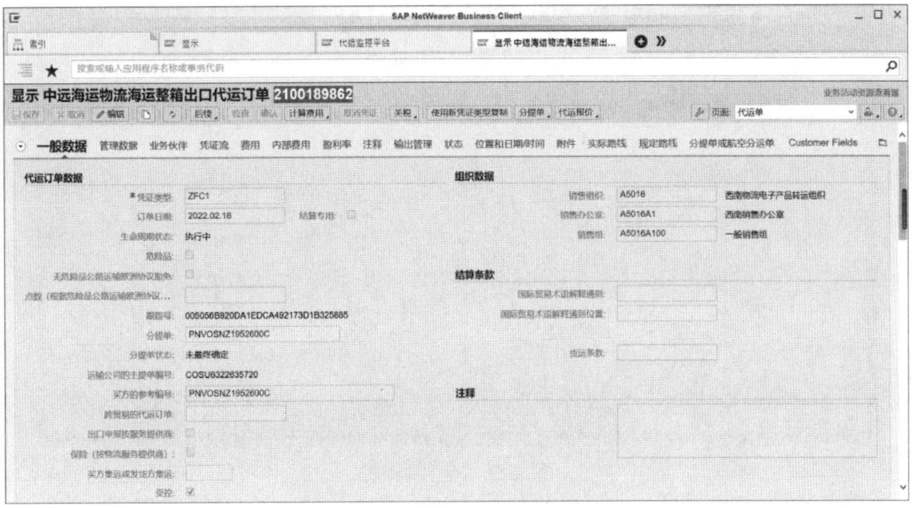

图 4-53 代运单详细信息页面

4.5.3.4 创建货运订舱单

订舱单(Freight Booking)简写为"FB"。点击"计划→计划→WDY_APPLICATION-运输主控室"(图 4-54),进入创建货运预定 FB 界面(图 4-55)。

图 4-54 点击路径

图 4-55 创建货运预定 FB 界面

点击"视图→选择标准"(图4-56)。

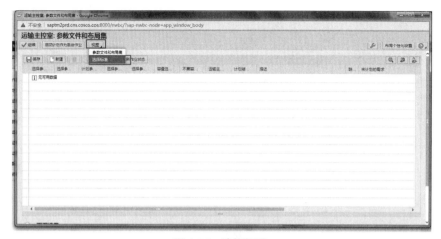

图 4-56　选择标准

显示"货运单位阶段",在"源位置"点击下拉菜单,选择"代运单"(图4-57)。

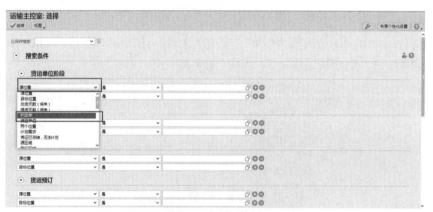

图 4-57　选择代运单

如需添加新行,可以在第一列选择代运单之后,点击行尾的"+",在第三列添加 FWO 代运订单号。全部输入完毕后,点击页面左上角的"继续"(图4-58)。

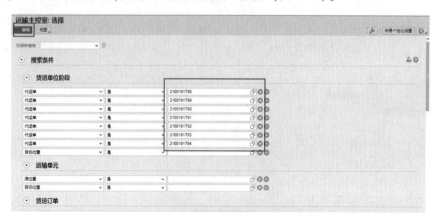

图 4-58　添加新的代运单

进入标准布局页面(图4-59)。

图 4-59　标准布局页面

选中其中一个货运单位,点击"创建货运凭证"(图4-60),生成订舱单号,即凭证号(图4-61)。

图 4-60　创建货运凭证

图 4-61　生成订舱单号

选中生成的凭证,关联剩下的货运单位(图 4-62)。需要多选时,可以按住 shift 键进行多选,使多个代运单号绑定一个凭证号。

图 4-62　关联货运单位

点击左上角的"保存",即可生成凭证号(图 4-63)。

图 4-63　生成凭证

双击凭证号,可以看到凭证号内部包含之前创建的代运单的相关信息。

点击左上角的"保存"(图 4-64)。

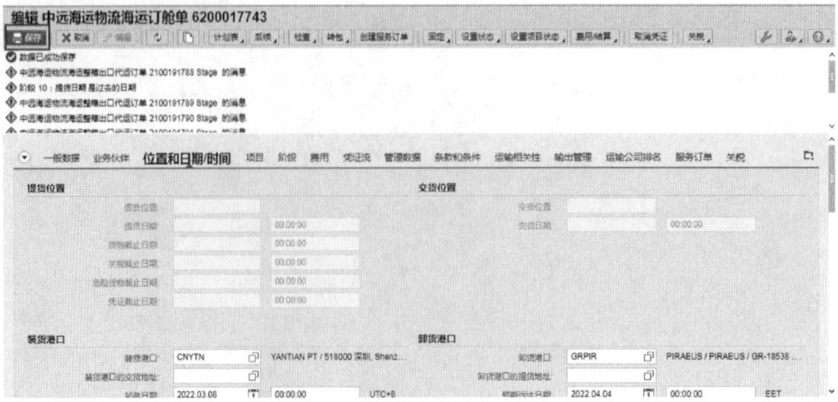

图 4-64　保存

4.5.3.5 发送事件

发送事件信息表及参数格式如表 4-3 所示。

发送事件信息表及参数格式　　　　　表 4-3

阶　段	事件代码	事件名称	HP IFTSTA	GTN 315
提货段	BOX_OUT	重箱出工厂	AF、C1	AM、C
主运段	BARGE_LOADING	驳船装船	AE	AE
	BARGE_DEP	驳船开航	VD、B6	VD、AG
	VAN_OUT	空箱出场		OA
	ZBOX_IN_PORT	重箱进港口	CO	CO
	ZEST_DEPARTURE	预计出发	C1	C
	ZEST_ARRIVAL	预计到达	B6	AG
	VESS_LOADING	装船	AE	AE
	VESS_DEP	开航	VD、B6	VD、AG
	ZEST_ARRIVAL	预计到达	B6	AG
	ZETA	预计到达-更新	B6	E
	VESS_ARRIVED	到港	VA	VA
	VESS_UNDLOADING	卸船	UV	UV
	ZBOX_OUT_PORT	重箱出港口	AV	OA

1) 发送事件请求

向代运监控平台发送事件请求的步骤如下：点击"增强平台→二期→代运监控平台"，进入页面；输入代运订单号，点击左上角"检索"，页面下方出现代运订单信息，选择单行或全选；点击"计算费用→发送 ASN→发送 310GTN"，见图 4-65。

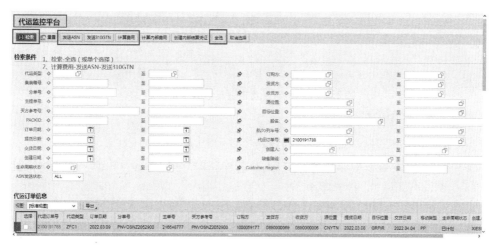

图 4-65　向代运监控平台发送事件请求

发送成功后，显示如图 4-66 所示的页面。

2) Excel 上传发报事件

点击"货运订单管理→批量事件上载(FO/FB)或计划→货运单位→批量事件上载

（FU）"，进入如图4-67所示的界面。

点击"选择文件"，选择准备的文件；点击"上传"，上传文件，注意取消勾选"模拟导入"；检查数据无误后，点击"全部导入"。

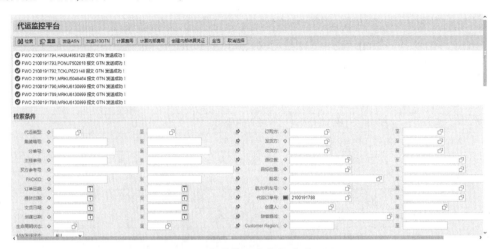

图4-66　代监管平台数据发送页面

图4-67　SAP系统货运订单数据上传界面

3）汇报事件：批量汇报和发送事件

点击"增强平台→二期→批量报告和发送事件"（图4-68）。

打开界面后，输入相应的检索条件，点击左上角"检索"，勾选需要汇报的事件，输入日期、时间，点击"报告事件"（图4-69、图4-70）。

要汇报异常事件，点击"插入事件"，选择Carrier Notifications事件，输入日期、时间，输入事件原因代码，见图4-71。

4.5.3.6　CSV导出

口岸团队录入完所有订单信息后导出CSV文件，生成HEADER.csv、DETAIL.csv和LSC.csv文件，并上传至服务器上的指定文件夹供希腊团队做集拼时使用，或直接以邮件发送。

点击"增强平台→二期→希腊DESADV CSV_I024"（图4-72）。

图 4-68　点击路径

图 4-69　路径增强平台检索示例

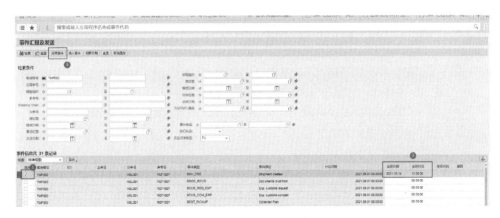

图 4-70　事件汇报检索

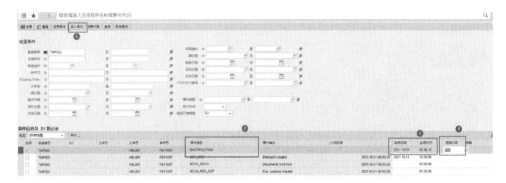

图 4-71 事件汇报

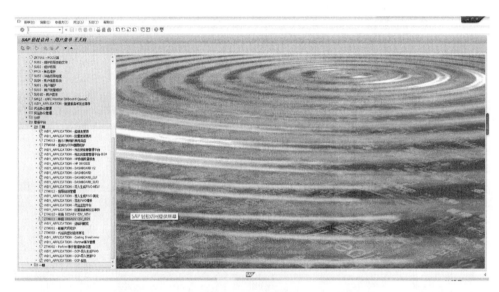

图 4-72 点击路径

进入如图 4-73 所示的界面,填写船名/航次,点击左上角的"执行"按钮。

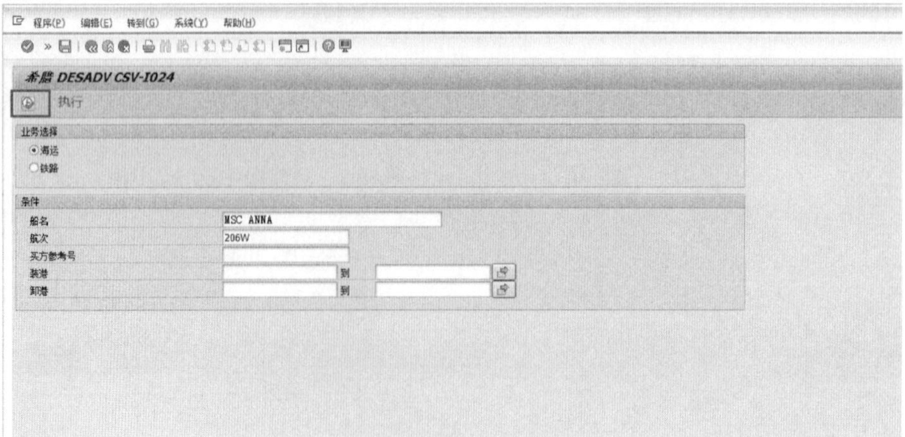

图 4-73 数据导出

打开 FTP 服务器客户端,点击"NEW"新建连接,进行相关设置(图 4-74)。

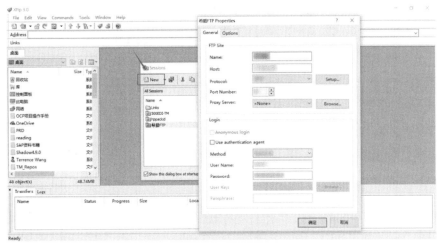

图 4-74　相关设置

查询结果出现后,点击导出按钮(图 4-75),目标文件夹位置将生成 HEADER.csv、DETAIL.csv 和 LSC.csv 三个文件。

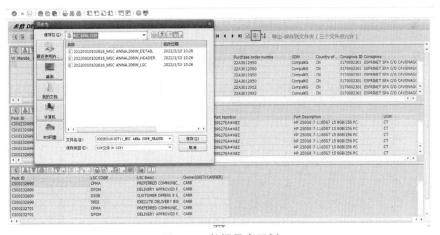

图 4-75　数据导出示例

将导出的 CSV 文件放至指定路径,或者直接用邮件传输。

4.5.4　数据交换实例

选取到港(比雷埃夫斯港)时间在 2022 年 7 月 18 日—2022 年 8 月 19 日范围内的从中国内陆出货至国内海港、再海运至希腊比雷埃夫斯港、最后在捷克帕杜比斯交货的事件,作为中欧陆海快线典型运输场景。基础货物信息及单证信息由中远海运物流有限公司提供。

1)通过 API 获取的事件数据

通过 API 获取的事件数据见表 4-4。

2)通过原有模式获取的事件数据

通过原有模式获取的事件数据见表 4-5。

表 4-4 通过 API 获取的事件数据

箱号	提单号	事件代码	事件名称	事件地点	事件国家	事件时间	事件时区	事件日期	事件数据接收时间
TESTCONTAIN	TESTBILLOFLADING01	BA	On-rail	GRPIR	GR	150000	UTC+0	2022-06-28	2022-06-28 13:32:16
TESTCONTAIN	TESTBILLOFLADING01	P1	Departure From Origin	GRPIR	GR	101000	UTC+0	2022-06-29	2022-06-28 13:32:16
TESTCONTAIN	TESTBILLOFLADING02	A1	Arrival At Destination	GRPIR	GR	081000	UTC+0	2022-06-30	2022-06-28 13:32:16
TESTCONTAIN	TESTBILLOFLADING01	BA	On-rail	GRPIR	GR	150000	UTC+0	2022-06-28	2022-06-28 13:32:16
TESTCONTAIN	TESTBILLOFLADING02	P1	Departure From Origin	GRPIR	GR	101000	UTC+0	2022-06-29	2022-06-28 13:32:16
TESTCONTAIN	TESTBILLOFLADING01	BA	On-rail	GRPIR	GR	081000	UTC+0	2022-06-30	2022-06-28 13:32:16
TESTCONTAIN	TESTBILLOFLADING01	P1	Departure From Origin	GRPIR	GR	150000	UTC+0	2022-06-28	2022-06-28 13:32:16
TESTCONTAIN	TESTBILLOFLADING01	A1	Arrival At Destination	GRPIR	GR	101000	UTC+0	2022-06-29	2022-06-28 13:32:16
TESTCONTAIN	TESTBILLOFLADING02	A1	Arrival At Destination	GRPIR	GR	081000	UTC+0	2022-06-30	2022-06-28 13:32:16

表 4-5 通过原有模式获取的事件数据

主单号	分单号	参考号	事件类型	事件描述	计划日期	实际日期	实际时间	位置
COSU6337755670	PNVOFZH7755670	COSU6337755670	ZBOX_IN_PORT	重箱进港口	2022-07-02 13:00:00	2022-06-28	19:07:00	CNFZG
COSU6337755670	PNVOFZH7755670	COSU6337755670	ZEST_DEPARTURE	预计出发	2022-07-02 13:00:00		00:00:00	CNFZG
COSU6337755670	PNVOFZH7755670	COSU6337755670	CLEAR_CUSTOMS	转关/清关	2022-07-02 13:00:00		00:00:00	CNFZG
COSU6337755670	PNVOFZH7755670	COSU6337755670	CUT_CUSTOMS	截关	2022-07-02 13:00:00	2022-07-02	17:48:00	CNFZG
COSU6337755670	PNVOFZH7755670	COSU6337755670	BARGE_LOADING	驳船装船	2022-07-02 13:00:00	2022-07-02	23:23:00	CNFZG
COSU6337755670	PNVOFZH7755670	COSU6337755670	BARGE_DEP	驳船开航	2022-07-03 00:00:00		00:00:00	CNXMG
COSU6337755670	PNVOFZH7755670	COSU6337755670	BARGE_ARRIVED	驳船到港	2022-07-03 00:00:00		00:00:00	CNXMG
COSU6337755670	PNVOFZH7755670	COSU6337755670	BARGE_UNLOADING	驳船卸船	2022-07-08 00:00:00		00:00:00	CNXMG
COSU6337755670	PNVOFZH7755670	COSU6337755670	VESS_LOADING	装船	2022-07-08 00:00:00		00:00:00	CNXMG
COSU6337755670	PNVOFZH7755670	COSU6337755670	VESS_DEP	船舶开航	2022-07-08 00:00:00		00:00:00	CNXMG
COSU6337755670	PNVOFZH7755670	COSU6337755670	BOL	出具提单	2022-07-08 00:00:00		00:00:00	CNXMG

续上表

主单号	分单号	参考号	事件类型	事件描述	计划日期	实际日期	实际时间	位置
COSU6337755670	PNVOFZH7755670	COSU6337755670	ZEST_ARRIVAL	预计到达	2022-07-31 20:00:00		00:00:00	GRPIR
COSU6337755670	PNVOFZH7755670	COSU6337755670	ZETA	预计到达-更新	2022-07-31 20:00:00		00:00:00	GRPIR
COSU6337755670	PNVOFZH7755670	COSU6337755670	VESS_ARRIVED	船舶到港	2022-07-31 20:00:00		00:00:00	GRPIR
COSU6337755670	PNVOFZH7755670	COSU6337755670	VESS_UNDLOADING	卸船	2022-07-31 20:00:00		00:00:00	GRPIR
COSU6337755670	PNVOFZH7755670	COSU6337755670	ZBOX_OUT_PORT	重箱出港口			00:00:00	GRPIR
COSU6337755670	PNVOFZH7755670	COSU6337755670	CUSTOMS_EXPORT	进口报关			00:00:00	GRPIR
COSU6337755670	PNVOFZH7755670	COSU6337755670	TRAIN_LOADING	班列装车			00:00:00	GRPIR
COSU6337755670	PNVOFZH7755670	COSU6337755670	TRAIN_DEP	班列出发			00:00:00	GRPIR
COSU6337755670	PNVOFZH7755670	COSU6337755670	TRAIN_ARRIVED	班列到达			00:00:00	WH_GLS
COSU6337755670	PNVOFZH7755670	COSU6337755670	TRAIN_UNLOADING	班列卸车			00:00:00	WH_GLS
COSU6337755670	PNVOFZH7755670	COSU6337755670	ZBOX_IN_CFS	重箱进场			00:00:00	WH_GLS
COSU6337755670	PNVOFZH7755670	COSU6337755670	ZBOX_OUT_CFS	重箱出场			00:00:00	WH_GLS
COSU6337755670	PNVOFZH7755670	COSU6337755670	DELIVERY	最终交货			00:00:00	WH_GLS
COSU6337755670	PNVOFZH7755670	COSU6337755670	ZEST_DELIVERY	预计交货			00:00:00	WH_GLS
COSU6337755670	PNVOFZH7755670	COSU6337755670	ZEST_DELIVERY_RLB	预计交货(拼箱 RLB)			00:00:00	WH_GLS
COSU6337755670	PNVOFZH7755670	COSU6337755670	ZEST_DELIVERY_RUDI	预计交货(拼箱 RUDI)			00:00:00	WH_GLS
COSU6337755670	PNVOFZH7755670	COSU6337755670	ZDELIVERY_PACK_RLB	最终交货(拼箱 RLB)			00:00:00	WH_GLS
COSU6337755670	PNVOFZH7755670	COSU6337755670	ZDELIVERY_PACK_RUDI	最终交货(拼箱 RUDI)			00:00:00	WH_GLS
COSU6337755670	PNVOFZH7755670	COSU6337755670	VAN_IN	空箱进场			00:00:00	WH_GLS
COSU6337755670	PNVOFZH7755670	COSU6337755670	ZBOX_IN_PORT	重箱进港口	2022-07-02 13:00:00	2022-06-28	18:07:00	CNFZG
COSU6337755670	PNVOFZH7755670	COSU6337755670	ZEST_DEPARTURE	预计出发	2022-07-02 13:00:00		00:00:00	CNFZG
COSU6337755670	PNVOFZH7755670	COSU6337755670	CLEAR_CUSTOMS	转关/清关	2022-07-02 13:00:00		00:00:00	CNFZG
COSU6337755670	PNVOFZH7755670	COSU6337755670	CUT_CUSTOMS	截关	2022-07-02 13:00:00		00:00:00	CNFZG

续上表

主单号	分单号	参考号	事件类型	事件描述	计划日期	实际日期	实际时间	位置
COSU6337755670	PNVOFZH7755670	COSU6337755670	BARGE_LOADING	驳船装船	2022-07-02 13:00:00	2022-07-02	17:01:00	CNFZG
COSU6337755670	PNVOFZH7755670	COSU6337755670	BARGE_DEP	驳船开航	2022-07-02 13:00:00	2022-07-02	23:23:00	CNFZG
COSU6337755670	PNVOFZH7755670	COSU6337755670	BARGE_ARRIVED	驳船到港	2022-07-03 00:00:00		00:00:00	CNXMG
COSU6337755670	PNVOFZH7755670	COSU6337755670	BARGE_UNLOADING	驳船卸船	2022-07-03 00:00:00		00:00:00	CNXMG
COSU6337755670	PNVOFZH7755670	COSU6337755670	VESS_LOADING	装船	2022-07-08 00:00:00		00:00:00	CNXMG
COSU6337755670	PNVOFZH7755670	COSU6337755670	VESS_DEP	船舶开航	2022-07-08 00:00:00		00:00:00	CNXMG
COSU6337755670	PNVOFZH7755670	COSU6337755670	BOL	出具提单	2022-07-31 20:00:00		00:00:00	GRPIR
COSU6337755670	PNVOFZH7755670	COSU6337755670	ZEST_ARRIVAL	预计到达	2022-07-31 20:00:00		00:00:00	GRPIR
COSU6337755670	PNVOFZH7755670	COSU6337755670	ZETA	预计到达-更新			00:00:00	GRPIR
COSU6337755670	PNVOFZH7755670	COSU6337755670	VESS_ARRIVED	船舶到港	2022-07-31 20:00:00		00:00:00	GRPIR
COSU6337755670	PNVOFZH7755670	COSU6337755670	VESS_UNDLOADING	卸船	2022-07-31 20:00:00		00:00:00	GRPIR
COSU6337755670	PNVOFZH7755670	COSU6337755670	ZBOX_OUT_PORT	重箱出港口	2022-07-31 20:00:00		00:00:00	GRPIR
COSU6337755670	PNVOFZH7755670	COSU6337755670	CUSTOMS_EXPORT	进口报关			00:00:00	GRPIR
COSU6337755670	PNVOFZH7755670	COSU6337755670	TRAIN_LOADING	班列装车			00:00:00	GRPIR
COSU6337755670	PNVOFZH7755670	COSU6337755670	TRAIN_DEP	班列出发			00:00:00	GRPIR

第 5 章 中欧陆海快线货物信息实时跟踪

5.1 货物信息追溯相关理论基础

5.1.1 追溯

5.1.1.1 追溯的定义

本书参考国际标准化组织以及《中华人民共和国产品质量法》对追溯的定义,结合中欧陆海快线跨国供应链的应用场景,将"追溯"定义为:还原某一产品在跨国供应链任何阶段的历史轨迹。本书认为,合理的追溯应当包含以下两大要素:

①合理的追溯单位。根据产品的特性,选取不同的追溯单位。对于种类较单一、产量较少的产品,可以选择以单个产品为单位进行追溯。对于组成的零部件数量较多、种类多样的产品,选择以批次为单位进行追溯。

②追溯的完整性。追溯的完整性是指不仅要能够追溯某一产品的组成物料成分,还要追溯与该产品相关的任何阶段的历史轨迹。

5.1.1.2 追溯的分类

根据追溯的范围以及追溯的作用,追溯可以分为以下几类:

1) 内部追溯和外部追溯

在供应链中,内部追溯主要是指从企业内部角度出发,追溯某一产品在该企业的历史轨迹。

外部追溯主要是指从供应链角度出发,综合考虑产品在供应链上各个主体企业之间的活动,追溯整体的历史活动轨迹。

2) 正向追溯和逆向追溯

正向追溯是指从供应链的始端出发或者从某一产品的原材料出发,顺着整个供应链,追溯产品在供应链过程中的每一关键控制点。

逆向追溯是指从供应链的末端出发或者从消费者的角度出发,逆向追溯某一产品的源头以及其所经历的历史活动轨迹。

5.1.2 Petri 网基础理论

Petri 网最初是由德国 Carl Adam Petri 提出的,因此以其名字命名。Petri 网是一种非常经典的描述过程的模型,它既有数学表示形式,也有图形表达方式,将其应用在中欧陆海快线跨国供应链中十分合适。Petri 网主要由 4 种组元素组成,分别是库所、变迁、托肯、有向弧。现

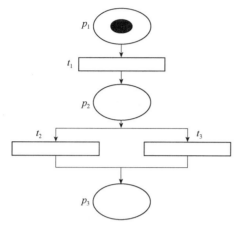

给出 Petri 三元组的定义。

三元组 $N=(P,T,F)$ 称作网,当且仅当:

$$P \cap T = \emptyset, P \cup T \neq \emptyset$$
$$F \subseteq (P \times T) \cup (T \times P)$$
$$\mathrm{dom}(F) \cup \mathrm{cod}(F) = P \cup T$$

式中,P 表示库所的集合;T 表示变迁的集合;F 表示 P 与 T 之间的有向弧集合。

为了更加形象地描述 Petri 变量之间的关联关系,绘制出 Petri 网的标准图形。在 Petri 网的标准图形中,变迁以矩形表示,库所以圆形表示,使用有向弧连接变迁与库所,托肯以实心圆点表示,具体如图 5-1 所示。

图 5-1 Petri 网的图形表示

5.1.3 区块链基础理论

5.1.3.1 区块链基本原理

从狭义的角度理解,区块链是指存储相关数据的区块按照时间的先后顺序连接而成,形成数据的链式结构。从技术的角度理解,区块链是指基于哈希算法和共识机制进行数据验证,并基于密码学进行数据加密,通过编译的智能合约执行合约内容的一种全新的以链式结构存储数据的分布式架构。

在区块链系统中,数据经哈希算法计算后存储在区块,各个区块之间根据哈希值按照时间顺序形成链式结构。一个区块包含某一环节或者某一段时间内的数据。区块由区块头和区块体两部分组成,如图 5-2 所示。区块头中主要包含区块高度、时间戳、Merkle 树根等。区块体中主要包含经过验证的数据信息,且所有数据信息都将经过哈希算法计算后存储至 Merkle 树根中。各个区块节点平等,且各区块节点之间数据同步,也就是说在某一区块上能够同步整条区块链上的数据。当产生一新的区块时,要经过全网多数节点验证。验证通过的节点区块将在全网内广播,实现全网的同步,实现数据同步的效果。任一区块一旦成功加入区块链中,数据将不可篡改。因此,区块链的数据存储结构不仅保证了数据的不可篡改性,而且实现了数据的同步以及去中心化。

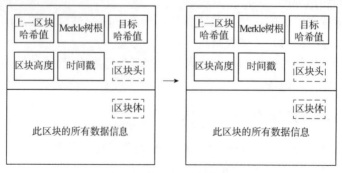

图 5-2 区块的链式结构

5.1.3.2 区块链的分类

根据去中心化的程度以及参与者的不同,可以将区块链分成以下三大类:公有链、私有链、联盟链。现对这三种不同类型的区块链做简要介绍。

1)公有链

公有链允许任何主体加入区块链,在一定的程度上,没有任何第三方参与管理,实现了真正意义上的完全去中心化。公有链采用分布式的结构,完全公开透明。在公有链上任何组织或者主体都可以参与共识。但是由于公有链的完全去中心化,导致参与的主体较多,所以公有链的存储压力大,交易时间、达成共识时间较长。

2)私有链

私有链对参与主体有着严格的限制,通常只有在私有组织中使用,只有满足私有组织规定的条款,才可以加入私有链。在一定程度上,私有链有着弱中心化的特征。由于私有链上的参与节点较少,因此与公有链相比较,在私有链上的交易速度更快,达成共识花费的时间更短,存储的压力更小。因此,私有链更加适用于企业内部、政府内部部门。

3)联盟链

联盟链只允许联盟上的成员参加,对参与主体同样有着严格的限制。联盟链上的交易规则、记账权限等由联盟链上成员共同制订并执行。联盟链由联盟链上的成员共同维护,不采用工作量证明机制。联盟链选择的是共识机制。联盟链通常应用于行业协会或者企业间的联盟等。

5.1.4 区块链核心技术

5.1.4.1 非对称加密技术

在区块链中,通常采用非对称加密技术,又称公钥私钥加密。公钥对外公开,主要用于加密数据或者交易信息。私钥不对外公开,只有使用者自己知晓,主要用于解密经过公钥加密的数据或者交易。反之,若是使用私钥对数据或者交易进行加密,则可以使用公钥对经过私钥加密的数据或者交易进行解密。

目前,非对称加密技术主要有 ECC(椭圆曲线加密)算法、RSA(Rivest-Shamir-Adleman)算法等。非对称加密技术主要用于身份核实和数据验证。首先,发送主体使用公钥对数据进行加密,接着将经过加密的数据发送至接收主体,接受主体在接收到发送主体发送的加密数据后,使用私钥对其解密,获取相关数据。

5.1.4.2 哈希函数

哈希函数可将任意长度的数据在一定的合理时间内,压缩成固定长度的二进制字符串。哈希函数具有不可逆性和唯一性两大特征。不可逆性是指无法通过哈希值反推出具体的数据信息。唯一性是指根据经过哈希算法计算所得的哈希值 x,不能在计算机系统中找到与之相等的哈希值 y。

哈希函数主要应用在信息安全方面,特别是数字签名方面。实际上,哈希函数的主要目的并非是加密,而是提取数据的标识特征,即通过相关的哈希算法提取繁杂的数据摘要值,这一特点十分适用于区块链。在区块链中,通常不直接保存大量的数据,因为这样会对区块造成存储压力；而是选用经过哈希算法算得的哈希值，每一区块存储了上一区块的哈希值，这样按照时间的顺序形成了区块链。典型的哈希函数公式如下：

$$\text{Hash\_value} = H(m) \tag{5-1}$$

式中：Hash_value——经过哈希函数运算得到的哈希值；
　　　H——哈希算法；
　　　m——数据或者相关交易信息等。

5.1.4.3 智能合约

早在1994年，从事密码学研究的科学家Nick Szabo就提出了"智能合约"的概念。正是由于区块链技术的出现，给智能合约的应用带来了可能。狭义地理解，智能合约就是计算机程序，其核心内容是将制订好的合约内容通过计算机代码编译实现。因此，智能合约可以理解为基于可编程技术，能够自动执行合约内容的一种计算机程序。

智能合约是区块链技术中的核心要素。不管是私有链还是联盟链，将制订的合约内容通过可编程技术写入智能合约，智能合约经过链上各节点的共识验证、广播后部署至区块链上，当满足预设的智能合约触发条件后，智能合约将按照制订的合约内容、响应规则等自动执行。智能合约一旦部署至区块链上，则不可篡改，这在一定程度上保证了合约的安全性以及数据的真实性。

目前，智能合约已经应用在了各种领域（如金融领域、供应链领域等），众多区块链项目中也使用了智能合约。智能合约有着广泛的应用前景。

5.2　中欧陆海快线跨国供应链信息追溯流程分析

5.2.1　研究背景及框架

中欧陆海快线跨国供应链是指依托中欧陆海快线，面向制造企业，将中欧陆海快线的国际海铁联运和制造企业的零部件采购、生产、产成品国际运输有机结合，形成"陆海快线多式联运+生产制造加工"协同运行的供应链形态。具体业务中，中欧陆海快线深度融入笔记本电脑产品供应链中，提供零部件国内运输、产成品国际海铁联运等服务。

实际业务操作中，中欧陆海快线跨国供应链涉及的运输路径和业务对象众多。本书选取了"重庆—希腊（比雷埃夫斯港）—捷克（布拉格）"这一典型运输路径为研究边界，并以HP公司笔记本电脑产品为研究对象。本书所研究的中欧陆海快线跨国供应链如图5-3所示。

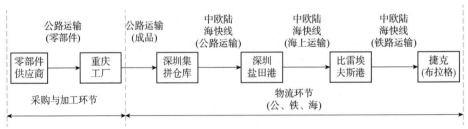

图5-3　中欧陆海快线跨国供应链框架图

5.2.2 追溯需求分析

5.2.2.1 总体需求

以笔记本电脑产品为研究对象，进一步细分，分析笔记本电脑产品从国内的初始端到最终运输至捷克所经历的每一个环节，从而提高追溯的精确度。详细的流程如图 5-4 所示。根据该业务流程，可以将中欧陆海快线跨国供应链划分为 5 个环节，分别是：笔记本电脑产品采购与加工环节、公路运输(成品)环节、中欧陆海快线(公路运输)环节、中欧陆海快线(海上运输)环节以及中欧陆海快线(铁路运输)环节。

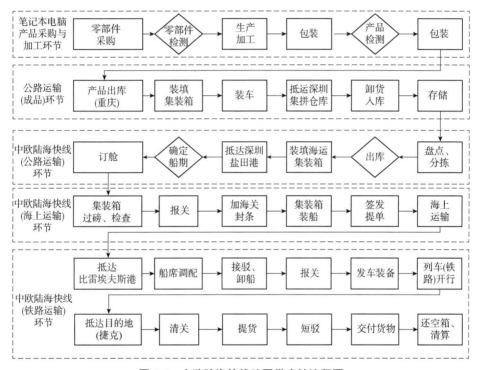

图 5-4　中欧陆海快线跨国供应链流程图

5.2.2.2 流程分析

由上述分析可知，中欧陆海快线跨国供应链一共划分为 5 个环节。为更好地分析追溯流程和归纳追溯信息，将零部件采购环节和笔记本电脑产品加工环节分开，将成品的公路运输环节纳入中欧陆海快线(公路运输)环节。下面对每一个环节进行分析。

1) 零部件采购环节

在进行笔记本电脑产品的生产加工之前，需要先进行零部件的采购。根据笔记本电脑产品装配过程中所需要的物料，由零部件供应商将零部件运输到生产商仓库进行短暂存储。所采集的零部件主要有芯片、处理器、主板、硬盘、光驱、电池模块等。采购的零部件需经过物料初检，保证所采购的零部件质量。检验合格的零部件方可进入加工厂。在这一流程中，主要涉及的物流活动为将各种零部件运输至工厂。具体流程如图 5-5 所示。

图 5-5　零部件采购环节流程图

零部件采购流程的追溯主要是对零部件供应商的追溯和运输过程的追溯。需要追溯的信息如表 5-1 所示。

采购环节追溯信息表　　　　　表 5-1

追溯主体	追溯信息
供应商基本信息	供应商名称
	组织机构代码
	法人代表
	联系方式
	供应商地址
零部件基本信息	零部件名称及种类
	零部件批次编号
入库基本信息	入库时间
	入库地点
零部件检验基本信息	检验单位名称
	检验时间
	检验结果
运输过程信息	发车时间
	到达时间
	运输批次
	运输车辆与零部件批次关联信息
	集装箱温湿度记录

2) 笔记本电脑产品加工环节

零部件运输车辆抵达重庆工厂后,首先在仓库内进行装卸、搬运和存储。根据笔记本电脑产品订单信息,选择合适的零部件,在加工厂进行组装加工以及包装作业。完成后,对产品进行检测。如果符合产品出库标准,等待出库。如果产品不符合出库标准,返回并重新进行加工作业。具体流程如图 5-6 所示。

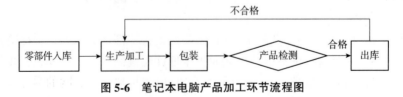

图 5-6　笔记本电脑产品加工环节流程图

加工环节是中欧陆海快线跨国供应链中的一个重要环节,也是追溯全过程中的一个关键环节。笔记本电脑产品的质量问题往往出现在此环节,因此必须严格监控生产线的每道工序。加工环节的追溯主要是对笔记本电脑产品加工过程信息的追溯。笔记本电脑产品加工环节主要有:零部件的存储、装卸搬运、加工组配、成品的出库。需要追溯的信息如表5-2所示。

加工环节追溯信息表　　　　　　　表5-2

追溯主体	追溯信息
加工厂基本信息	组织机构代码
	法人代表
	联系方式
	加工厂所在地
加工过程信息	加工后的产品批次编号
	产品完成时间
	加工批次
	各加工环节信息
	工厂环境(如温湿度等)
笔记本电脑产品检验基本信息	检验合格的笔记本电脑产品批次编号
	检验单位名称
	检验时间
	检验结果
产品出库基本信息	出库的产品批次
	出库的产品数量
	出库时间

3)中欧陆海快线(公路运输)环节

在重庆工厂完成加工作业且经检验合格的笔记本电脑产品,通过集装箱货车运输至深圳集拼仓库,在深圳集拼仓库装填海运集装箱,再次搭乘集装箱货车运输至深圳盐田港。考虑到成品的公路运输环节与中欧陆海快线(公路运输)环节相似,因此将其纳入中欧陆海快线(公路运输)环节一并考虑。中欧陆海快线(公路运输)环节具体流程如图5-7所示。

图5-7　中欧陆海快线(公路运输)环节流程图

中欧陆海快线(公路运输)环节是连接重庆工厂和深圳盐田港的重要环节,涉及的环节有笔记本电脑产品在深圳集拼仓库入库、仓储、出库、装填海运集装箱、通过集装箱货车运至港口等。需要追溯的信息如表 5-3 所示。

中欧陆海快线(公路运输)环节追溯信息表　　　　　表 5-3

追溯主体	追溯信息
集拼仓库基本信息	组织机构代码
	法人代表
	联系方式
	仓库环境
	操作人员
集拼仓库作业信息	入库的成品批次
	入库时间
	入库装卸搬运的工作记录
	仓储记录
	仓储温度
	出库的成品批次
	出库时间
	出库数量
	出库工作记录
运输者基本信息	组织机构代码
	联系方式
	运输人员信息
公路运输基本信息	产品运输批次
	运输工具实时位置信息
	集装箱温湿度信息
	笔记本电脑产品批次与集装箱关联信息
	集装箱与运输工具关联信息

4)中欧陆海快线(海上运输)环节

装填笔记本电脑产品的集装箱运输至深圳盐田港后,将通过一系列港口作业,如确定船期、集装箱过磅检查、报关等环节,最终搭乘运输船运输至比雷埃夫斯港。中欧陆海快线(海上运输)环节的具体流程如图 5-8 所示。

图 5-8　中欧陆海快线(海上运输)环节流程图

中欧陆海快线(海上运输)环节主要涉及深圳盐田港港口作业以及海上运输环节。在港口作业中,涉及的具体作业主要有笔记本电脑产品入港、拆箱、装卸搬运、出港等。需要追溯的信息如表 5-4 所示。

中欧陆海快线(海上运输)环节追溯信息表　　　　　　　　　　表 5-4

追 溯 主 体	追 溯 信 息
港口基本信息	组织机构代码
	联系方式
港口作业基本信息	入港产品批次
	集装箱批次
	出、入港时间
海上运输基本信息	海上运输的产品批次
	运输船只信息(包括位置信息等)
	集装箱与船只关联信息
	集装箱实时位置及温湿度信息

5) 中欧陆海快线(铁路运输)环节

装载着笔记本电脑产品的海船抵达比雷埃夫斯港后,将通过比雷埃夫斯港的转运中心进行越库作业,并以铁路运输的方式发往捷克布拉格,见图 5-9。

图 5-9　中欧陆海快线(铁路运输)环节流程图

中欧陆海快线(铁路运输)环节主要包括比雷埃夫斯港作业、铁路运输作业、产品交付。在港口作业中,涉及的具体作业主要有笔记本电脑产品入港、拆箱、装卸、搬运、出港等。在铁路运输中,涉及的具体作业有装卸、运输、提货等。需要追溯的信息见表 5-5。

中欧陆海快线(铁路运输)环节追溯信息表　　　　　　　　　　表 5-5

追 溯 主 体	追 溯 信 息
港口基本信息	组织机构代码
	联系方式
比雷埃夫斯港作业基本信息	入港产品批次
	集装箱批次
	入港操作记录
	出、入港时间
铁路运输基本信息	铁路运输的产品批次
	产品与铁路集装箱的关联信息
	集装箱与铁路车次的关联信息
	集装箱实时位置及温湿度信息
产品交付信息	产品交付时间
	产品交付位置
	交付人信息

5.2.3 Petri 网建模及性能分析

5.2.3.1 基于 Petri 网的流程建模分析

1）业务流程与 Petri 网元素对应关系

根据上文所述的 Petri 网相关概念可知,要建立一个合理的 Petri 网,关键是确定好库所、变迁以及托肯三大要素。因此,将中欧陆海快线跨国供应链中的活动主体以及关键控制点转换成 Petri 网中的库所要素,使用圆形表示。将中欧陆海快线跨国供应链中的相关活动事件,比如笔记本电脑产品加工活动、运输活动等转换成 Petri 网中的变迁要素,使用矩形表示。将中欧陆海快线跨国供应链中的相关资源限制和容量转换成托肯,使用黑点表示。具体转化关系如表 5-6 所示。

业务流程与 Petri 网的转换关系　　　　　　　表 5-6

业务流程	Petri 网	标　识
活动主体	库所	○
活动事件	变迁	▭
资源的限制和容量	托肯	●

2）基于 Petri 网的流程建模算法

（1）定义流程

针对中欧陆海快线跨国供应链流程图,用库所或变迁表示流程中的活动,使用有向弧表示活动之间的关系。

（2）将业务流程与 Petri 网进行映射

根据业务流程与 Petri 网的转换关系,结合中欧陆海快线跨国供应链各个环节的活动主体以及活动事件,列出中欧陆海快线跨国供应链事件流程表。

（3）建立 Petri 网模型

根据中欧陆海快线跨国供应链事件流程表完成映射工作后,进而建立中欧陆海快线跨国供应链流程 Petri 网模型。

（4）Petri 网模型合理性验证

使用关联矩阵法或者其他方法对建立的中欧陆海快线跨国供应链流程 Petri 网模型进行合理性验证。一方面检验所建立的模型是否存在错误,是否与实际情况相符。另一方面通过对模型的性能进行分析,梳理出中欧陆海快线跨国供应链的关键控制点。

在 Petri 网基本理论基础上,针对要研究的中欧陆海快线跨国供应链业务流程,根据其自身特点进行扩展,定义 Petri 网五元组如下：

$$\sum (P,T,F,W,\gamma) \tag{5-2}$$

式中：P——库所集,代表中欧陆海快线跨国供应链追溯中的活动主体；

T——变迁集,代表中欧陆海快线跨国供应链追溯中的活动事件；

F——P 与 T 之间的流关系；

W——P 与 T 两者之间的弧的权重；

γ——原始标识，表示各库所托肯在原始状况下的分布。

根据上述理论并参考相关文献，建立如表 5-7 所示的中欧陆海快线跨国供应链活动主体定义表，以便更加详细地描述中欧陆海快线跨国供应链的活动主体。

活动主体定义表　　　　　　　　　　　　　　　　　　表 5-7

活动主体	含　义
p_0	中欧陆海快线跨国供应链流程追溯开始
p_1	采购的笔记本电脑产品零部件
p_2	抵达重庆工厂的笔记本电脑产品零部件
p_3	符合检测标准的笔记本电脑产品零部件
p_4	不符合检测标准的笔记本电脑产品零部件
p_5	加工完成的笔记本电脑产品
p_6	退回的零部件
p_7	包装完成的产品
p_8	检测合格的笔记本电脑产品
p_9	检测不合格的笔记本电脑产品
p_{10}	编码后的笔记本电脑产品
p_{11}	完成出库的笔记本电脑产品
p_{12}	完成装箱的笔记本电脑产品
p_{13}	已装车的笔记本电脑产品
p_{14}	运抵集拼仓库的产品
p_{15}	已入库的笔记本电脑产品
p_{16}	完成分拣的笔记本电脑产品
p_{17}	装填海运集装箱的产品
p_{18}	运抵深圳港口的产品
p_{19}	装船后的产品
p_{20}	运抵比雷埃夫斯港的产品
p_{21}	铁路列车上的产品
p_{22}	抵达目的地的产品
p_{23}	完成交付的产品

同理，建立如表 5-8 所示的活动事件定义表，以便更加详细地描述中欧陆海快线跨国供应链的活动事件。

活动事件定义表　　　　　　　　　　　　　　　　　　表 5-8

活动事件	含　义
t_0	笔记本电脑产品零部件采购
t_1	运输笔记本电脑产品零部件
t_2	对笔记本电脑产品零部件进行合格性检测
t_3	组配、加工所采购的笔记本电脑产品零部件
t_4	退至供应商

续上表

活动事件	含 义
t_5	笔记本电脑产品包装
t_6	笔记本电脑产品检测
t_7	笔记本电脑产品编码
t_8	笔记本电脑产品出库
t_9	笔记本电脑产品装填集装箱
t_{10}	装车
t_{11}	从加工厂运输至深圳集拼仓库
t_{12}	卸货入库
t_{13}	分拣
t_{14}	装填集装箱
t_{15}	从集拼仓库运输至深圳盐田港
t_{16}	集装箱装船
t_{17}	从深圳盐田港运输至比雷埃夫斯港
t_{18}	铁路列车发车装备
t_{19}	从比雷埃夫斯港运输至目的地(捷克)
t_{20}	交付货物

根据定义的活动主体和事件,确定中欧陆海快线跨国供应链的事件流程,如表5-9所示。

事件流程表　　　　　　　　　　　　　　　　　　表5-9

事 件	前 置 主 体	后 置 主 体
t_0	p_0	p_1
t_1	p_1	p_2
t_2	p_2	p_3、p_4
t_3	p_3、p_9	p_5
t_4	p_4	p_6
t_5	p_5	p_7
t_6	p_7	p_8、p_9
t_7	p_8	p_{10}
t_8	p_{10}	p_{11}
t_9	p_{11}	p_{12}
t_{10}	p_{12}	p_{13}
t_{11}	p_{13}	p_{14}
t_{12}	p_{14}	p_{15}
t_{13}	p_{15}	p_{16}
t_{14}	p_{16}	p_{17}
t_{15}	p_{17}	p_{18}
t_{16}	p_{18}	p_{19}

续上表

事　件	前 置 主 体	后 置 主 体
t_{17}	p_{19}	p_{20}
t_{18}	p_{20}	p_{21}
t_{19}	p_{21}	p_{22}
t_{20}	p_{22}	p_{23}

根据 Petri 网建模算法,对中欧陆海快线跨国供应链流程进行建模,如图 5-10 所示。

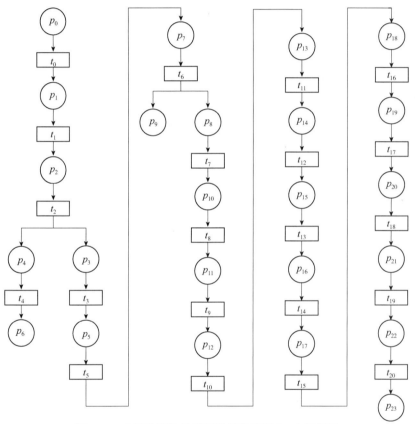

图 5-10　中欧陆海快线跨国供应链流程 Petri 网模型

5.2.3.2　Petri 网模型性能分析

模型建立后,通常需要采用一定的分析方法对其进行检验。对 Petri 网模型的性能进行分析,不仅能够检验所建立的中欧陆海快线跨国供应链流程 Petri 网模型是否合理、是否与实际业务贴切,而且能够梳理出中欧陆海快线跨国供应链中的关键业务控制点。

对 Petri 网模型进行性能分析,主要是分析所建立的 Petri 网模型的有界性、可达性以及灵活性。在中欧陆海快线跨国供应链流程 Petri 网模型中,活动主体 P 只能与活动事件 T 相连。若出现了其他连接方式,则代表所建立的模型不合理。除此之外,在 Petri 网模型中,所有元素都必须是完整的,不能出现单一元素。若是出现冲突和死锁状况,则代表所建立的中欧陆海快线跨国供应链流程 Petri 网模型是不合理的,即 Petri 网模型不存在灵活性、有界性和可达性。

中欧陆海快线跨国供应链所涉及的环节和信息繁杂。因此，为了验证中欧陆海快线跨国供应链流程 Petri 网模型的合理性，即灵活性、有界性、可达性，采用关联矩阵法进行分析。

关联矩阵法主要是采用线性代数的方法，通过求解 P 不变量来判断 Petri 网模型是否合理。首先根据权重关系，建立输出关联矩阵 C_{ij}^- 以及输入关联矩阵 C_{ij}^+。接着在此基础上，根据相关公式求解中欧陆海快线跨国供应链流程 Petri 网模型关联矩阵。最后求解 n 阶的 P 不变量。若 P 不变量能够表示关联矩阵中的每一项，则代表所建立的中欧陆海快线跨国供应链流程 Petri 网模型是合理的。

元组 $C = (P, T, F, W, \gamma)$ 是一个网系统，且 $P = \{p_1, p_2, p_3, \ldots, p_n\}$，$n = |P|$，$T = |t_1, t_2, t_3, \ldots, t_m|$，$m = |T|$，则 Petri 网模型的关联矩阵 $C = |C_{ij}|_{m \times n}(1 \leq i \leq n, 1 \leq j \leq m)$，且 $C = C_{ij}^+ - C_{ij}^-$。其中：

① $C_{ij}^+ = W(t_j, p_i)$，表示以变迁为起点，以库所为终点，两者间弧的权重。

② $C_{ij}^- = W(p_i, t_j)$，表示以库所为起点，以变迁为终点，两者间弧的权重。

根据 Petri 网理论，若存在一个 $n \times 1$ 列正权向量 X，使得 $CX = 0$，则代表所建立的 Petri 网是守恒的，且称正权向量 X 为 Petri 网的 P 不变量。

针对如图 4-8 所示的中欧陆海快线跨国供应链流程 Petri 网模型建立关联矩阵，可解得输出关联矩阵 C_{ij}^- 和输入关联矩阵 C_{ij}^+：

$$C_{ij}^+ = \begin{bmatrix}
0 & 1 & 0 & 0 & 0 & 0 & 0 & 0 & 0 & 0 & 0 & 0 & 0 & 0 & 0 & 0 & 0 & 0 & 0 & 0 & 0 & 0 \\
0 & 0 & 1 & 0 & 0 & 0 & 0 & 0 & 0 & 0 & 0 & 0 & 0 & 0 & 0 & 0 & 0 & 0 & 0 & 0 & 0 & 0 \\
0 & 0 & 0 & 1 & 1 & 0 & 0 & 0 & 0 & 0 & 0 & 0 & 0 & 0 & 0 & 0 & 0 & 0 & 0 & 0 & 0 & 0 \\
0 & 0 & 0 & 0 & 0 & 1 & 0 & 0 & 0 & 0 & 0 & 0 & 0 & 0 & 0 & 0 & 0 & 0 & 0 & 0 & 0 & 0 \\
0 & 0 & 0 & 0 & 0 & 0 & 1 & 0 & 0 & 0 & 0 & 0 & 0 & 0 & 0 & 0 & 0 & 0 & 0 & 0 & 0 & 0 \\
0 & 0 & 0 & 0 & 0 & 0 & 0 & 1 & 0 & 0 & 0 & 0 & 0 & 0 & 0 & 0 & 0 & 0 & 0 & 0 & 0 & 0 \\
0 & 0 & 0 & 0 & 0 & 0 & 0 & 0 & 1 & 1 & 0 & 0 & 0 & 0 & 0 & 0 & 0 & 0 & 0 & 0 & 0 & 0 \\
0 & 0 & 0 & 0 & 0 & 0 & 0 & 0 & 0 & 0 & 1 & 0 & 0 & 0 & 0 & 0 & 0 & 0 & 0 & 0 & 0 & 0 \\
0 & 0 & 0 & 0 & 0 & 0 & 0 & 0 & 0 & 0 & 0 & 1 & 0 & 0 & 0 & 0 & 0 & 0 & 0 & 0 & 0 & 0 \\
0 & 0 & 0 & 0 & 0 & 0 & 0 & 0 & 0 & 0 & 0 & 0 & 1 & 0 & 0 & 0 & 0 & 0 & 0 & 0 & 0 & 0 \\
0 & 0 & 0 & 0 & 0 & 0 & 0 & 0 & 0 & 0 & 0 & 0 & 0 & 1 & 0 & 0 & 0 & 0 & 0 & 0 & 0 & 0 \\
0 & 0 & 0 & 0 & 0 & 0 & 0 & 0 & 0 & 0 & 0 & 0 & 0 & 0 & 1 & 0 & 0 & 0 & 0 & 0 & 0 & 0 \\
0 & 0 & 0 & 0 & 0 & 0 & 0 & 0 & 0 & 0 & 0 & 0 & 0 & 0 & 0 & 1 & 0 & 0 & 0 & 0 & 0 & 0 \\
0 & 0 & 0 & 0 & 0 & 0 & 0 & 0 & 0 & 0 & 0 & 0 & 0 & 0 & 0 & 0 & 1 & 0 & 0 & 0 & 0 & 0 \\
0 & 0 & 0 & 0 & 0 & 0 & 0 & 0 & 0 & 0 & 0 & 0 & 0 & 0 & 0 & 0 & 0 & 1 & 0 & 0 & 0 & 0 \\
0 & 0 & 0 & 0 & 0 & 0 & 0 & 0 & 0 & 0 & 0 & 0 & 0 & 0 & 0 & 0 & 0 & 0 & 1 & 0 & 0 & 0 \\
0 & 0 & 0 & 0 & 0 & 0 & 0 & 0 & 0 & 0 & 0 & 0 & 0 & 0 & 0 & 0 & 0 & 0 & 0 & 1 & 0 & 0 \\
0 & 0 & 0 & 0 & 0 & 0 & 0 & 0 & 0 & 0 & 0 & 0 & 0 & 0 & 0 & 0 & 0 & 0 & 0 & 0 & 1 & 0 \\
0 & 0 & 0 & 0 & 0 & 0 & 0 & 0 & 0 & 0 & 0 & 0 & 0 & 0 & 0 & 0 & 0 & 0 & 0 & 0 & 0 & 1 \\
\end{bmatrix}$$

$$C_{ij}^{-} = \begin{bmatrix}
1 & 0 & 0 & 0 & 0 & 0 & 0 & 0 & 0 & 0 & 0 & 0 & 0 & 0 & 0 & 0 & 0 & 0 & 0 & 0 & 0 & 0 \\
0 & 1 & 0 & 0 & 0 & 0 & 0 & 0 & 0 & 0 & 0 & 0 & 0 & 0 & 0 & 0 & 0 & 0 & 0 & 0 & 0 & 0 \\
0 & 0 & 1 & 0 & 0 & 0 & 0 & 0 & 0 & 0 & 0 & 0 & 0 & 0 & 0 & 0 & 0 & 0 & 0 & 0 & 0 & 0 \\
0 & 0 & 0 & 1 & 0 & 0 & 0 & 0 & 0 & 0 & 0 & 0 & 0 & 0 & 0 & 0 & 0 & 0 & 0 & 0 & 0 & 0 \\
0 & 0 & 0 & 0 & 1 & 0 & 0 & 0 & 0 & 0 & 0 & 0 & 0 & 0 & 0 & 0 & 0 & 0 & 0 & 0 & 0 & 0 \\
0 & 0 & 0 & 0 & 0 & 1 & 0 & 0 & 0 & 0 & 0 & 0 & 0 & 0 & 0 & 0 & 0 & 0 & 0 & 0 & 0 & 0 \\
0 & 0 & 0 & 0 & 0 & 0 & 1 & 0 & 0 & 0 & 0 & 0 & 0 & 0 & 0 & 0 & 0 & 0 & 0 & 0 & 0 & 0 \\
0 & 0 & 0 & 0 & 0 & 0 & 0 & 1 & 0 & 0 & 0 & 0 & 0 & 0 & 0 & 0 & 0 & 0 & 0 & 0 & 0 & 0 \\
0 & 0 & 0 & 0 & 0 & 0 & 0 & 0 & 1 & 0 & 0 & 0 & 0 & 0 & 0 & 0 & 0 & 0 & 0 & 0 & 0 & 0 \\
0 & 0 & 0 & 0 & 0 & 0 & 0 & 0 & 0 & 1 & 0 & 0 & 0 & 0 & 0 & 0 & 0 & 0 & 0 & 0 & 0 & 0 \\
0 & 0 & 0 & 0 & 0 & 0 & 0 & 0 & 0 & 0 & 1 & 0 & 0 & 0 & 0 & 0 & 0 & 0 & 0 & 0 & 0 & 0 \\
0 & 0 & 0 & 0 & 0 & 0 & 0 & 0 & 0 & 0 & 0 & 1 & 0 & 0 & 0 & 0 & 0 & 0 & 0 & 0 & 0 & 0 \\
0 & 0 & 0 & 0 & 0 & 0 & 0 & 0 & 0 & 0 & 0 & 0 & 1 & 0 & 0 & 0 & 0 & 0 & 0 & 0 & 0 & 0 \\
0 & 0 & 0 & 0 & 0 & 0 & 0 & 0 & 0 & 0 & 0 & 0 & 0 & 1 & 0 & 0 & 0 & 0 & 0 & 0 & 0 & 0 \\
0 & 0 & 0 & 0 & 0 & 0 & 0 & 0 & 0 & 0 & 0 & 0 & 0 & 0 & 1 & 0 & 0 & 0 & 0 & 0 & 0 & 0 \\
0 & 0 & 0 & 0 & 0 & 0 & 0 & 0 & 0 & 0 & 0 & 0 & 0 & 0 & 0 & 1 & 0 & 0 & 0 & 0 & 0 & 0 \\
0 & 0 & 0 & 0 & 0 & 0 & 0 & 0 & 0 & 0 & 0 & 0 & 0 & 0 & 0 & 0 & 1 & 0 & 0 & 0 & 0 & 0 \\
0 & 0 & 0 & 0 & 0 & 0 & 0 & 0 & 0 & 0 & 0 & 0 & 0 & 0 & 0 & 0 & 0 & 1 & 0 & 0 & 0 & 0 \\
0 & 0 & 0 & 0 & 0 & 0 & 0 & 0 & 0 & 0 & 0 & 0 & 0 & 0 & 0 & 0 & 0 & 0 & 1 & 0 & 0 & 0 \\
0 & 0 & 0 & 0 & 0 & 0 & 0 & 0 & 0 & 0 & 0 & 0 & 0 & 0 & 0 & 0 & 0 & 0 & 0 & 1 & 0 & 0 \\
0 & 0 & 0 & 0 & 0 & 0 & 0 & 0 & 0 & 0 & 0 & 0 & 0 & 0 & 0 & 0 & 0 & 0 & 0 & 0 & 1 & 0 \\
0 & 0 & 0 & 0 & 0 & 0 & 0 & 0 & 0 & 0 & 0 & 0 & 0 & 0 & 0 & 0 & 0 & 0 & 0 & 0 & 0 & 1 & 0
\end{bmatrix}$$

根据相关公式，可求得中欧陆海快线跨国供应链流程 Petri 网模型的关联矩阵 C_{ij}：

$$C_{ij} = \begin{bmatrix}
-1 & 0 & 0 & 0 & 0 & 0 & 0 & 0 & 0 & 0 & 0 & 0 & 0 & 0 & 0 & 0 & 0 & 0 & 0 & 0 & 0 & 0 \\
0 & -1 & 1 & 0 & 0 & 0 & 0 & 0 & 0 & 0 & 0 & 0 & 0 & 0 & 0 & 0 & 0 & 0 & 0 & 0 & 0 & 0 \\
0 & 0 & -1 & 0 & 1 & 0 & 0 & 0 & 0 & 0 & 0 & 0 & 0 & 0 & 0 & 0 & 0 & 0 & 0 & 0 & 0 & 0 \\
0 & 0 & 0 & -1 & 0 & 1 & 0 & 0 & 0 & 0 & 0 & 0 & 0 & 0 & 0 & 0 & 0 & 0 & 0 & 0 & 0 & 0 \\
0 & 0 & 0 & 0 & -1 & 0 & 1 & 0 & 0 & 0 & 0 & 0 & 0 & 0 & 0 & 0 & 0 & 0 & 0 & 0 & 0 & 0 \\
0 & 0 & 0 & 0 & 0 & 0 & -1 & 1 & 1 & 0 & 0 & 0 & 0 & 0 & 0 & 0 & 0 & 0 & 0 & 0 & 0 & 0 \\
0 & 0 & 0 & 0 & 0 & 0 & 0 & -1 & 0 & 1 & 0 & 0 & 0 & 0 & 0 & 0 & 0 & 0 & 0 & 0 & 0 & 0 \\
0 & 0 & 0 & 0 & 0 & 0 & 0 & 0 & -1 & 1 & 0 & 0 & 0 & 0 & 0 & 0 & 0 & 0 & 0 & 0 & 0 & 0 \\
0 & 0 & 0 & 0 & 0 & 0 & 0 & 0 & 0 & -1 & 1 & 0 & 0 & 0 & 0 & 0 & 0 & 0 & 0 & 0 & 0 & 0 \\
0 & 0 & 0 & 0 & 0 & 0 & 0 & 0 & 0 & 0 & -1 & 1 & 0 & 0 & 0 & 0 & 0 & 0 & 0 & 0 & 0 & 0 \\
0 & 0 & 0 & 0 & 0 & 0 & 0 & 0 & 0 & 0 & 0 & -1 & 1 & 0 & 0 & 0 & 0 & 0 & 0 & 0 & 0 & 0 \\
0 & 0 & 0 & 0 & 0 & 0 & 0 & 0 & 0 & 0 & 0 & 0 & -1 & 1 & 0 & 0 & 0 & 0 & 0 & 0 & 0 & 0 \\
0 & 0 & 0 & 0 & 0 & 0 & 0 & 0 & 0 & 0 & 0 & 0 & 0 & -1 & 1 & 0 & 0 & 0 & 0 & 0 & 0 & 0 \\
0 & 0 & 0 & 0 & 0 & 0 & 0 & 0 & 0 & 0 & 0 & 0 & 0 & 0 & -1 & 1 & 0 & 0 & 0 & 0 & 0 & 0 \\
0 & 0 & 0 & 0 & 0 & 0 & 0 & 0 & 0 & 0 & 0 & 0 & 0 & 0 & 0 & -1 & 1 & 0 & 0 & 0 & 0 & 0 \\
0 & 0 & 0 & 0 & 0 & 0 & 0 & 0 & 0 & 0 & 0 & 0 & 0 & 0 & 0 & 0 & -1 & 1 & 0 & 0 & 0 & 0 \\
0 & 0 & 0 & 0 & 0 & 0 & 0 & 0 & 0 & 0 & 0 & 0 & 0 & 0 & 0 & 0 & 0 & -1 & 1 & 0 & 0 & 0 \\
0 & 0 & 0 & 0 & 0 & 0 & 0 & 0 & 0 & 0 & 0 & 0 & 0 & 0 & 0 & 0 & 0 & 0 & -1 & 1 & 0 & 0 \\
0 & 0 & 0 & 0 & 0 & 0 & 0 & 0 & 0 & 0 & 0 & 0 & 0 & 0 & 0 & 0 & 0 & 0 & 0 & -1 & 1 & 0 \\
0 & 0 & 0 & 0 & 0 & 0 & 0 & 0 & 0 & 0 & 0 & 0 & 0 & 0 & 0 & 0 & 0 & 0 & 0 & 0 & -1 & 1 & 0 \\
0 & 0 & 0 & 0 & 0 & 0 & 0 & 0 & 0 & 0 & 0 & 0 & 0 & 0 & 0 & 0 & 0 & 0 & 0 & 0 & 0 & -1 & 1
\end{bmatrix}$$

根据 $CX=0$,可以解得:
$$X_1^T=(1,1,1,0,1,0,1,0,0,0,0,0,0,0,0,0,0,0,0,0,0,0,0,0)$$
$$X_2^T=(1,1,1,1,0,1,0,1,0,1,0,0,0,0,0,0,0,0,0,0,0,0,0,0)$$
$$X_3^T=(1,1,1,1,0,1,0,1,1,0,1,1,1,1,1,1,1,1,1,1,1,1,1,1)$$

在求解所得的 P 不变量中,数字 1 代表该库所是畅通的,没有发生冲突。数字 0 表示该库所是不畅通的,发生了冲突。将求解所得的 P 不变量用如下形式进行表示:
$$X_1^T=(p_0,p_1,p_2,p_4,p_6)$$
$$X_2^T=(p_0,p_1,p_2,p_3,p_5,p_7,p_9)$$
$$X_3^T=(p_0,p_1,p_2,p_3,p_5,p_7,p_8,p_{10},p_{11},p_{12},p_{13},p_{14},p_{15},p_{16},p_{17},p_{18},p_{19},p_{20},p_{21},p_{22},p_{23})$$

所以,中欧陆海快线跨国供应链流程 Petri 网模型的潜在路线如下:

① $p_0 \to p_1 \to p_2 \to p_4 \to p_6$。

② $p_0 \to p_1 \to p_2 \to p_3 \to p_5 \to p_7 \to p_9$。

③ $p_0 \to p_1 \to p_2 \to p_3 \to p_5 \to p_7 \to p_8 \to p_{10} \to p_{11} \to p_{12} \to p_{13} \to p_{14} \to p_{15} \to p_{16} \to p_{17} \to p_{18} \to p_{19} \to p_{20} \to p_{21} \to p_{22} \to p_{23}$。

5.2.3.3 中欧陆海快线跨国供应链关键溯源信息链路

通过对中欧陆海快线跨国供应链流程 Petri 网模型性能和实际业务情况的分析,可以得出中欧陆海快线跨国供应链中的关键业务环节包括:零部件采购、笔记本电脑产品生产加工、产品装填集装箱、中欧陆海快线(公路运输)、中欧陆海快线(海上运输)、中欧陆海快线(铁路运输)、交付产品等。在这些关键的业务环节中,笔记本电脑产品从一开始的零部件到最终的成品,在不停地发生变化。产品的变化导致产品批次号也在发生变化,即物流和信息流也在不断地变化。为了使得每个环节的物流和信息流能够互相对应,使标识信息与产品信息一致,建立如图 5-11 所示的中欧陆海快线跨国供应链关键溯源信息链路。

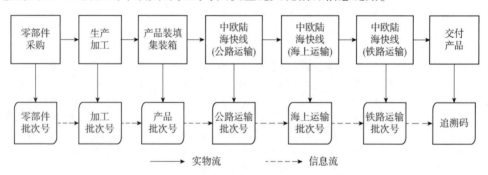

图 5-11 中欧陆海快线跨国供应链关键溯源信息链路

中欧陆海快线跨国供应链关键溯源信息链路的建立,不仅梳理了中欧陆海快线跨国供应链的关键环节,而且串通了中欧陆海快线跨国供应链上的信息流和物流,将零部件采购、笔记本电脑产品加工、中欧陆海快线运输(公路、海上、铁路)这几大环节的各种物流和信息流相互关联在一起,为接下来的基于区块链技术的中欧陆海快线跨国供应链追溯研究和追溯体系设计奠定了基础。

5.3 信息追溯模型和算法

5.3.1 基于区块链技术的追溯信息区块存储结构

通过实地调研可知,目前中欧陆海快线各个环节采集的信息齐全,但是信息共享存在一定的困难。此外,从前文的中欧陆海快线跨国供应链的追溯需求分析可以看到,中欧陆海快线跨国供应链的环节和追溯信息众多,错综复杂。区块链技术为解决这一问题提供了新的思路。

针对信息孤岛问题以及繁杂的追溯环节和追溯信息,结合区块链技术以及中欧陆海快线跨国供应链关键溯源信息链路,建立"区块链+数据库"链上链下相结合的追溯信息区块存储结构,如图5-12所示。

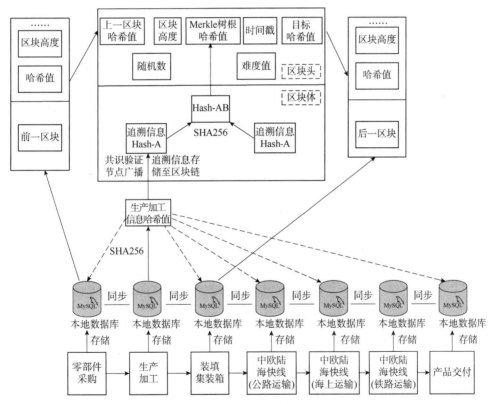

图 5-12　追溯信息区块存储结构

将中欧陆海快线跨国供应链中零部件采购环节、生产加工环节、运输环节的各种不同运输方式的信息存储在本地数据库,并使用SHA256算法对每个环节的追溯信息进行加密并提取数据标识特征,将所得的哈希值发送至区块链上,经节点广播和共识验证后存入区块存储结构,并与上一区块链接,完成将追溯信息的哈希值存入区块链的过程。这样的链上、链下互相结合的区块存储结构在实现全流程追溯的同时,不仅能够验证中欧陆海快线跨国供应链追溯信息是否被篡改,还缓解了区块链存储大量追溯信息的压力。

5.3.2 基于区块链技术的追溯信息区块验证

本书设计的中欧陆海快线追溯信息区块验证流程见图 5-13。将各个环节的追溯信息经过哈希算法计算所得的哈希值,通过节点广播和共识验证等上传至区块链中,区块链将返回追溯信息哈希值所在的区块高度,区块高度将被存储至本地数据库系统中。当通过数据库进行追溯时,在获取追溯信息的同时,得到追溯信息对应的区块高度。为了验证追溯信息是否可信,对追溯到的追溯信息进行哈希计算,得到哈希值 A_1;根据区块高度,从区块链上获取对应的哈希值 A_2,比较 A_1 与 A_2 是否相等。若相等,则代表追溯信息可信,未被篡改;若不相等,则代表追溯信息不可信,已被篡改。这样就实现了基于区块链技术的追溯信息区块验证。

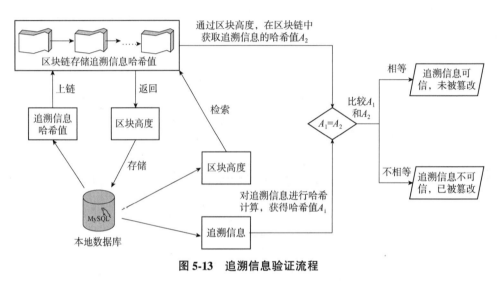

图 5-13 追溯信息验证流程

5.3.3 基于区块链技术的中欧陆海快线跨国供应链追溯模型

5.3.3.1 追溯实体单元符号化

为了能够更好地实现对追溯对象的追溯,本研究参考"追溯实体单元"的概念,结合区块链技术以及本研究的追溯对象,提出了 NPTEU(Notebook Products Traceable Entity Unit,笔记本电脑产品追溯实体单元)的概念。在本研究中,笔记本电脑产品追溯实体单元是在中欧陆海快线跨国供应链中能够被唯一标记、追溯的对象。

根据追溯信息的区块存储结构、验证方式以及追溯对象,将 NPTEU 划分为 BTEU(Block Traceable Entity Unit,区块追溯实体单元)、NPTPEU(Notebook Products Traceable Product Entity Unit,产品追溯实体单元)、NPTAEU(Notebook Products Traceable Activity Entity Unit,活动追溯实体单元。

1) 区块追溯实体单元 BTEU

BTEU 存储各个环节追溯信息所对应的区块高度,由三部分组成:第一部分是区块所对应的产品批次号;第二部分是环节名称,如零部件采购环节、加工环节等;第三部分是追溯信息经哈希计算后区块链返回的区块高度。BTEU 的符号化表示为：

$$BTEU = (BTEU_{ID}, NAME, Block\_Height) \tag{5-3}$$

式中：$BTEU_{ID}$——区块所对应的产品批次号；

NAME——环节名称；

Block_Height——追溯信息经哈希计算后区块链返回的区块高度。

2）产品追溯实体单元 NPTPEU

NPTPEU 包括产品批次号、产品名称、产品属性信息三部分。NPTPEU 可以指在中欧陆海快线跨国供应链中某一批次产品（零部件、半成品、成品）。例如，对于笔记本电脑产品成品，使用批次号进行标识，其产品属性信息有零部件供应商信息、加工厂信息、出入库时间、检测报告等。NPTPEU 的符号化表示为：

$$NPTPEU = (PEU_{ID}, NAME, PEU\_ATTRIBUTE) \tag{5-4}$$

式中： PEU_{ID}——产品批次号；

NAME——产品名称；

PEU_ATTRIBUTE——产品属性信息的集合。

3）活动追溯实体单元 NPTAEU

NPTAEU 包括五部分：活动唯一标识号，活动主体，活动名称，活动时间，活动属性信息。以笔记本电脑产品加工活动为例，记录了加工活动唯一标识号、加工活动主体、加工时间以及与加工活动相关的属性信息。NPTAEU 的符号化表示为：

$$NPTAEU = (AEU_{ID}, PARTICIPANT, NAME, TIME, AEU\_ATTRIBUTE) \tag{5-5}$$

式中： AEU_{ID}——活动唯一标识号；

PARTICIPANT——活动主体；

NAME——活动名称；

TIME——活动时间；

AEU_ATTRIBUTE——活动属性信息的集合，包括活动过程相关信息、地点信息等。

4）关联对象

关联对象表示 NPTEU 之间的关联关系，主要包含了两层：第一层关系是两个 NPTPEU 间的关系，即 Relation 关联对象；第二层关系是 NPTPEU 与 NPTAEU 间的关系，即 Association 关联对象。关联对象由两部分组成，第一部分是产品批次号，第二部分是形成关联的时间。关联对象的符号化表示如下：

$$Relation = (NPTPEU\_ID_1, NPTPEU\_ID_2, T_1) \tag{5-6}$$

式中：NPTPEU_ID——产品批次号；

T_1——两个产品形成关联的时间。

$$Association = (NPTPEU\_ID, NPTAEU\_ID, T_2) \tag{5-7}$$

式中：NPTPEU_ID——产品标识号；

NPTAEU_ID——活动标识号；

T_2——产品与活动形成关联的时间。

5）关联对象表

N 个关联对象所组成的集合,称为"关联对象表"。在本研究中,关联对象表是一个 N 元组,由两个部分组成:第一部分是产品之间的关联对象,第二部分是产品与活动之间的关联对象。关联对象表的符合化表示如下:

$$\text{Relations} = (\text{Relation}_1, \text{Relation}_2, \ldots, \text{Relation}_n)$$
$$\text{Associations} = (\text{Association}_1, \text{Association}_2, \ldots, \text{Association}_n) \tag{5-8}$$

中欧陆海快线跨国供应链追溯的核心依据是笔记本电脑产品关联对象表。通过关联对象表,不仅可以追溯到与某一产品相关的正向或者逆向的物料信息,而且能够追溯到与之相关联的活动信息。关联对象表能够实现从正向和逆向两个方向进行中欧陆海快线跨国供应链的追溯。

5.3.3.2 中欧陆海快线跨国供应链追溯模型

为了对中欧陆海快线跨国供应链追溯进行描述,本小节根据对追溯实体单元的符号化、基于区块链技术的区块存储结构以及追溯信息区块验证的分析,建立基于区块链技术的中欧陆海快线跨国供应链追溯模型。基于区块链技术的中欧陆海快线跨国供应链追溯模型可描述为如下五元组:

$$T = (B, P, A, S, R) \tag{5-9}$$

具体如下:

$$T = \begin{bmatrix} B = (b_1, b_2, \ldots, b_n) = (\text{BTEU}_1, \text{BTEU}_2, \ldots, \text{BTEU}_n) \\ P = (p_1, p_2, \ldots, p_n) = (\text{NPTPEU}_1, \text{NPTPEU}_2, \ldots, \text{NPTPEU}_n) \\ A = (a_1, a_2, \ldots, a_n) = (\text{NPTAEU}_1, \text{NPTAEU}_2, \ldots, \text{NPTAEU}_n) \\ S = \{S_{ij} \mid i \neq j\} = f(\text{NPTPEU}_i, \text{NPTPEU}_j) \ i \in (1, 2, \ldots, k), j \in (1, 2, \ldots, k) \\ R = \{R_{ij} \mid i = j\} = f(\text{NPTPEU}_i, \text{NPTAEU}_j) \ i \in (1, 2, \ldots, k), j \in (1, 2, \ldots, k) \end{bmatrix}^T \tag{5-10}$$

式中:T——笔记本电脑产品在中欧陆海快线跨国供应链的追溯信息;

B——区块对象的集合,每个 BTEU 代表了某一批次产品的各个环节的区块高度信息的集合;

P——追溯对象的集合,每个 NPTPEU 代表了某产品的批次号以及属性信息的集合;

A——活动信息的集合,详细记录了每一产品相关活动的各种信息的集合;

S——追溯对象 NPTPEU_i 和 NPTPEU_j 之间的关联关系信息的集合;

R——追溯对象 NPTPEU_i 以及 NPTAEU_j 之间的关联关系信息的集合。

为了能够体现出基于区块链技术的追溯信息存储结构,结合区块链技术对追溯信息进行验证,更好地描述以笔记本电脑产品为追溯对象且基于区块链技术的中欧陆海快线跨国供应链追溯模型,本研究设计出基于区块链技术的中欧陆海快线跨国供应链追溯模型,如图 5-14 所示。

本书设计"区块链+数据库"链上链下相结合的数据存储结构,各个环节的追溯信息存储在本地数据库,并且各个环节的数据库同步,也就是说每一环节的数据库都存储整个中欧陆海快线跨国供应链上所有的追溯信息,且追溯信息通过 NPTPEU 关联。存储在本地数据库的追溯信息经 SHA256 算法,计算所得的哈希值通过节点广播和共识验证等上传至区块链中,此时区块链将通过智能合约返回追溯信息哈希值所在的区块高度,区块高度将存储至本地数据库系统中。对中欧陆海快线跨国供应链进行追溯时,选择任一环节的数据库,可通过追溯算法追溯到某一批次的笔记本电脑产品所有的信息以及该批次笔记本电脑产品在中欧陆海快线跨国供应链每个环节追溯信息所对应的区块高度。接着进行追溯信息的区块验证,将追溯信息经SHA256算法计算所得的哈希值与通过区块高度在区块链上所获取的哈希值进行比较,则可以判断追溯信息是否被篡改。

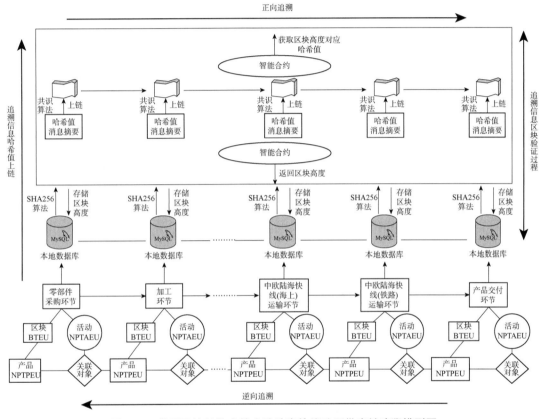

图 5-14 基于区块链技术的中欧陆海快线跨国供应链追溯模型图

5.3.4 基于区块链技术的中欧陆海快线跨国供应链追溯算法

中欧陆海快线跨国供应链追溯过程分为正向追溯、逆向追溯以及区块验证。正向追溯是指追溯某批次零部件的去处,以及该批次的零部件所经历的所有相关历史活动信息。逆向追溯是指追溯某批次的产品主要是由哪些物料所组成,以及该批次产品在整个中欧陆海快线跨国供应链中已经历的历史活动信息,如活动时间、活动方式等。区块验证是指验证追溯信息是否被篡改,将通过哈希算法得到的哈希值以及依据区块高度获取的哈希值进行对比验证。本小节设计正向追溯算法、逆向追溯算法、区块验证算法。

5.3.4.1 正向追溯算法

正向追溯算法的核心是依据笔记本电脑产品关联对象表的信息记录进行追溯,得到该批次零部件的去处以及所经历的历史活动信息。正向追溯算法的具体流程如图 5-15 所示,算法的伪代码如下：

输入：零部件的批次。
训练：
    Step 1：初始化结果集,输入零部件的批次信息。
    Step 2：根据 Relation 关联对象表,检索出使用该批次零部件的产品的信息。
    Step 3：根据 Association 关联对象表,检索出该批次零部件所经历的所有活动的信息。
    Step 4：将产品信息和活动信息录入结果集。
    Step 5：输出追溯结果集。
输出：使用该批次零部件的产品信息集合以及该批次零部件的历史活动信息集合。

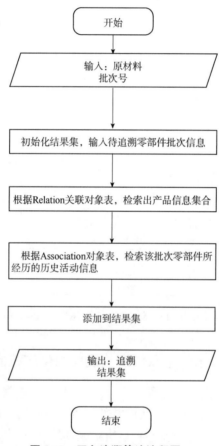

图 5-15 正向追溯算法流程图

5.3.4.2 逆向追溯算法

逆向追溯算法的核心是依据笔记本电脑产品关联对象表的信息记录进行追溯,得到该批次产品的源头以及所经历的历史活动信息。逆向追溯算法的具体流程如图 5-16 所示,算法的

伪代码如下:

输入:产品批次号。

训练:

  Step 1:初始化结果集,输入待追溯产品批次信息。

  Step 2:根据 Relation 关联对象表,检索出该产品的物料批次,组成关系信息集合。

  Step 3:根据 Association 关联对象表,检索出该产品所经历的历史活动的信息。

  Step 4:根据产品生产物料信息集合和 Association 关联对象表,检索出该产品的生产物料所经历的历史活动的信息。

  Step 5:将产品生产物料信息、活动信息以及产品的生产物料活动信息录入结果集。

  Step 6:输出追溯结果集。

输出:产品的生产物料信息(包括零部件、设备等)以及该产品(包括产品的物料)所经历的历史活动信息。

图 5-16 逆向追溯算法流程图

5.3.4.3 区块验证算法

区块验证算法的核心是计算追溯信息的哈希值,根据区块高度获取区块链上的哈希值,进

而进行追溯信息的区块验证。区块验证算法的具体流程如图 5-17 所示,算法的伪代码如下:

输入:待验证产品批次号。

训练:

  Step 1:初始化结果集,输入待追溯产品批次信息。

  Step 2:根据区块 BTEU,检索该批次产品各个环节追溯信息对应的区块高度值。

  Step 3:根据检索的各个环节区块高度,在区块链上获取对应的哈希值。

  Step 4:根据关联对象表,检索出产品追溯信息。

  Step 5:对检索出的产品追溯信息使用 SHA256 算法进行哈希计算,获得哈希值。

  Step 6:将 Step 3 和 Step 5 所得的哈希值进行一一比较。

  Step 7:若哈希值不相等,保留日志。

  Step 8:若哈希值相等,将追溯信息真实性验证所得的结果录入结果集。

  Step 9:输出追溯信息验证结果集。

输出:追溯信息验证结果。

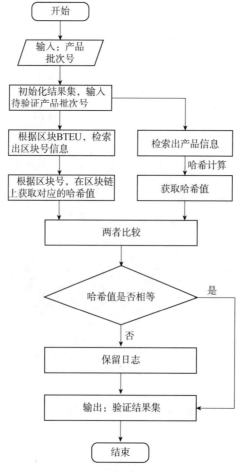

图 5-17 区块验证算法流程图

5.4 跨国供应链追溯体系设计

5.4.1 中欧陆海快线跨国供应链追溯体系

5.4.1.1 总体实现方案

基于区块链技术的中欧陆海快线跨国供应链追溯体系总体实现方案如图 5-18 所示。整个实现方案包括以下五大模块：

1）供应链模块

供应链模块涉及中欧陆海快线供应链上的各个参与主体，主要包括核心企业、笔记本电脑产品零部件供应商、笔记本电脑产品生产商、港口中转方、消费者以及监管机构。供应链模块的功能主要是收集笔记本电脑产品在整个中欧陆海快线跨国供应链中所产生的追溯信息以及各个参与主体自身的信息。

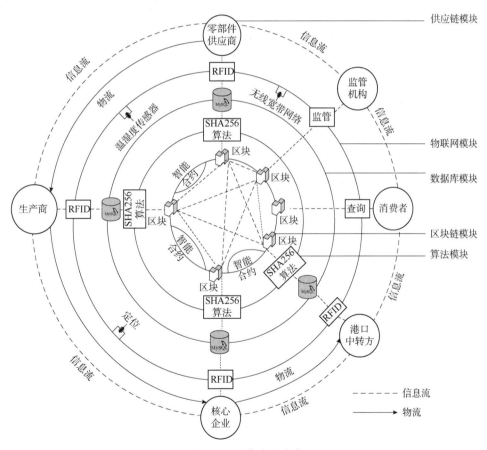

图 5-18 总体实现方案

2）物联网模块

物联网模块作为将现实世界转换成数字信号的中间者，主要功能是将整个中欧陆海快线跨国供应链中各个主体以及各个环节所产生的数据,根据各个主体和各个环节自身的特点,通过 RFID(射频识别)技术、温湿度感应器、无线传输网络等将全流程所产生的信息转换成数字信号。如在中欧陆海快线(公路运输)环节,通过集装箱内的传感器以及车辆的定位设备等,收集中欧陆海快线跨国供应链所产生的追溯信息。

3)数据库模块

数据库模块是中欧陆海快线跨国供应链上各个参与主体存储数据的地方。存储的数据主要有两类:一类是涉及自身、需保密的数据,这部分数据不参与共享;另一类是必须参与中欧陆海快线跨国供应链追溯共享的数据。

4)SHA256 算法模块

主要功能是使用 SHA256 算法对数据库中的中欧陆海快线跨国供应链各个环节的追溯信息进行计算。

5)区块链模块

在公有链、私有链、联盟链中选择了更符合实际应用情况的联盟链,采用共识机制、哈希算法、智能合约等技术建立起主体之间信任。其中,智能合约负责将根据追溯信息所得的哈希值经过节点广播和共识验证上传至区块链模块中,保证了追溯数据的防伪性和去中心化。

5.4.1.2 架构设计

中欧陆海快线跨国供应链追溯体系的架构设计如图 5-19 所示,包括三大板块,分为 9 层。三大板块为交互板块、区块链板块以及基础设施板块。

交互板块包含展示层、应用层。区块链板块包含接口层、合约层、共识层、网络层、数据存储层。基础设施板块包括数据采集层、作业层。

1)展示层

展示层用于全流程追溯信息的可视化展示,是可以直接使用的产品。可通过桌面端、手机 APP 或者小程序进行展示。桌面端功能强大,显示直观。手机 APP 或者小程序移动性强,可随时随地查看关键信息。中欧陆海快线跨国供应链上的各个参与主体都可以通过展示层查看权限内的数据。

2)应用层

应用层能够为用户提供多种的功能。全数据多角度追踪功能从全球视角、船舶视角以及集装箱视角进行追踪。追溯信息查询功能能够让供应链上的各个主体以及消费者查询到产品的追溯信息。历史数据分析统计功能分析物流日常活动,梳理企业战略规划,洞察趋势,为经营决策提供重要参考。智能监控预警功能对中欧陆海快线跨国供应链中的追溯信息被篡改、笔记本电脑产品交付延迟、船舶到港延迟、集装箱异常、运输车辆异常等发出预警。多用户隐私与数据安全功能根据不同用户角色,配置不同权限。

3)接口层

接口层主要负责通过节点服务器,对接供应商系统、生产商系统以及中远海运物流有限公司系统。

4)合约层

合约层主要是针对追溯信息进行区块验证。预先根据区块验证的规则,编写智能合约,并设定触发条件,保护合约不受到外界因素的干扰。一旦条件被触发,立即执行合约。

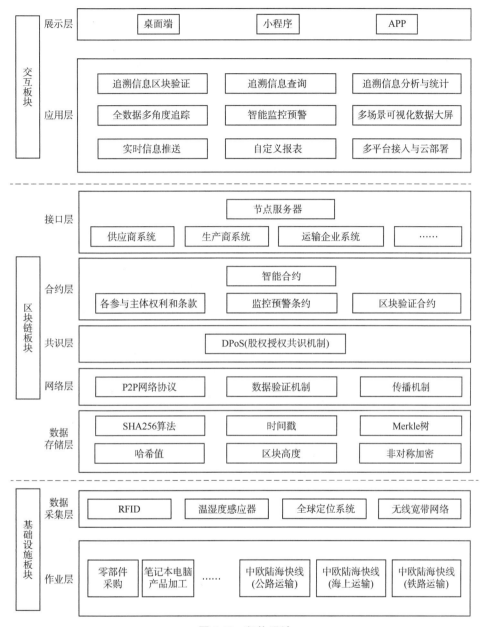

图 5-19 架构设计

5) 共识层

在共识层,主要采用 DPoS(股权授权共识机制)算法。共识层的作用主要是对区块链上的数据哈希值以及区块的生成和上链的有效性达成共识。本追溯体系中的联盟链引入中远海运物流有限公司、笔记本电脑产品零部件供应商、笔记本电脑产品生产商、监管方、消费者作为成员节点。

6) 网络层

在网络层上,各节点共同维护区块链系统。当各个环节的追溯信息经 SHA256 算法计算得到哈希值并上传至区块链后,将以广播的形式通知其他节点,其他节点收到信息后对其进行验证,验证通过后,方可上传至区块链网络层。创建新的区块时,采用同样的原理。

7) 数据存储层

数据存储层存放着区块链上的数据信息的哈希值等。数据存储层采用多种区块链底层技术,保证数据在全网公开的情况下的安全性。

8) 数据采集层

数据采集层的功能是采集各个环节的数据,并且上传到数据存储层。主要通过北斗定位技术采集位置信息,通过 GPRS 技术进行数据传输。

9) 作业层

作业层主要指笔记本电脑产品零部件采购、笔记本电脑产品加工、中欧陆海快线公路运输、中欧陆海快线海上运输、中欧陆海快线铁路运输等作业过程,是追溯信息的关键来源。

5.4.1.3 相关参与方

中欧陆海快线跨国供应链追溯信息和追溯流程繁杂。通过实地调研,设定中欧陆海快线跨国供应链追溯的参与方主要是中远海运物流有限公司、笔记本电脑产品零部件供应商、笔记本电脑产品生产、港口中转方、监管机构、消费者。

1) 核心企业

中远海运物流有限公司是中欧陆海快线跨国供应链中最重要的参与方,为追溯体系提供大量的、基础的全流程物流信息,如仓储信息、运输过程信息、运输车辆信息、运输时间、运输车辆和产品对应的批次信息等追溯信息。

2) 笔记本电脑产品零部件供应商

笔记本电脑产品零部件供应商是中欧陆海快线跨国供应链的开端,主要负责为中欧陆海快线跨国供应链追溯体系提供与零部件相关的信息,如供应商信息、零部件运输信息等。

3) 笔记本电脑产品生产商

笔记本电脑产品生产商作为中欧陆海快线跨国供应链中重要的参与者,主要为中欧陆海快线跨国供应链追溯体系提供加工厂基本信息、加工过程信息、笔记本电脑产品出入库信息等。

4) 港口中转方

港口中转方主要承担中欧陆海快线跨国供应链中的衔接工作,主要为中欧陆海快线跨国供应链追溯体系提供码头信息、到港时间、离港时间以及所涉及的作业环节信息等。

5) 监管机构

监管机构是保证产品质量和追溯信息真实性的主要机构,主要为中欧陆海快线跨国供应链追溯体系提供笔记本电脑产品检测信息等,并且对整个追溯体系起监管的作用。

6) 消费者

消费者是中欧陆海快线跨国供应链中的最后一环。消费者不仅可以通过本追溯体系查看笔记本电脑产品涉及环节的所有非保密信息,还可以向监管机构反馈笔记本电脑产品的质量问题与相关意见。

5.4.1.4 追溯体系的功能设计

中欧陆海快线跨国供应链涉及的环节众多,需要追溯的信息众多。为了达到全流程追溯的效果,基于区块链技术的中欧陆海快线跨国供应链追溯体系的功能设计如图 5-20 所示。

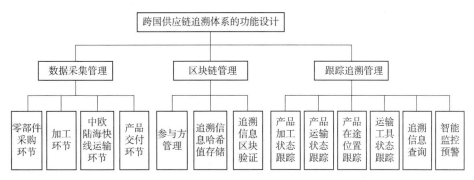

图 5-20　功能设计框架图

1)数据采集管理

数据采集管理模块主要负责通过物联网设备(以各类数据采集设备为主),从中欧陆海快线跨过供应链的各个环节中采集追溯信息,为全流程追溯的实现奠定基础。

2)区块链管理

区块链管理模块的功能主要包含参与方管理、追溯信息哈希值存储、追溯信息区块验证。"参与方管理"可对参与方在区块链上的相关操作进行管理,例如节点增删、数据传输、查询等。"追溯信息哈希值存储"主要是对各个环节上传的哈希值依据区块链的链式结构进行存储。"追溯信息区块验证"主要是通过制订的智能合约,以返回区块高度以及凭借区块高度查询哈希值等方式对追溯信息进行验证。

3)跟踪追溯管理

跟踪追溯管理的主要功能是结合物联网技术和区块链技术,对中欧陆海快线跨国供应链全流程进行可视化的跟踪以及追溯。

(1)产品加工状态跟踪

主要功能是实时监控和记录产品在加工过程中的每一个操作环节。一方面保证产品的质量,另一方面便于在产品出现问题后及时进行追溯。

(2)产品运输状态跟踪

监控在中欧陆海快线跨国供应链运输途中,产品在某个运输环节是否完好,是否出现产品丢失或其他异常情况。

(3)产品在途位置跟踪

跟踪产品的实时位置信息,详细地跟踪产品在每个时间段所处的位置信息。当产品出现问题时,方便快速查清问题出现的地点,确定责任主体。

(4)运输工具状态跟踪

主要负责监控运输车辆运行状况和集装箱内的温湿度状况。

(5) 追溯信息查询

用于查询某一批次的零部件或者笔记本电脑产品的追溯信息。

(6) 智能监控预警

对中欧陆海快线跨国供应链中的追溯信息被篡改、笔记本电脑产品交付延迟、船舶到港延迟、集装箱异常、运输车辆异常等情况发出预警,方便当即采取措施。

5.4.1.5 运行机制分析

在该追溯体系下,在笔记本电脑产品从最初始的零部件采购环节至运抵目的地的全流程中,采用物联网技术记录全流程的各种信息。在整个中欧陆海快线跨国供应链中,采用"区块链+数据库"链上链下相结合的追溯信息存储模型。对每个环节生成的追溯信息(比如在零部件采购环节生成的追溯信息)采用SHA256算法计算得到哈希值;封存追溯信息的哈希值,将其当作一个交易;以广播形式将追溯信息的哈希值上传至区块链,区块链上的各个参与方对其进行有效性共识验证;通过共识验证后,各个环节的追溯信息将以哈希值的形式存储至区块链中。由此形成了一种各个环节的数据库同步存储追溯信息、区块链存储追溯信息的哈希值的存储模式,保证了追溯信息的防伪性,也减轻了区块链的存储压力。

在中欧陆海快线跨国供应链的整个过程中,由相关监管部门作为监管方,负责对中欧陆海快线跨国供应链参与者的行为进行监督。一旦笔记本电脑产品质量出现问题,监管方可以快速查明是哪一个环节出现了问题,并快速追溯到具体负责人,同时采取相应的措施。在笔记本电脑产品最终抵达消费者手中后,消费者可通过扫描笔记本电脑产品上的追溯码,对笔记本电脑产品的零部件信息、加工信息、包装信息、全程物流信息等进行详细的查询,还可以查询追溯信息是否被篡改。若笔记本电脑产品存在质量问题或者发现追溯信息已被篡改,消费者可以进行投诉,监管方会力促中欧陆海快线跨国供应链上的参与主体进行及时处理。

此外,在该追溯体系下,由于在中欧陆海快线跨国供应链的各个环节的追溯信息都经过SHA256算法生成哈希值,并随时写入区块链中,而区块链上各个参与方的数据库又是保持同步的,因此相关的参与方都能够在各自的数据库系统实现中欧陆海快线跨国供应链的追溯。

5.4.2 智能合约设计

在基于区块链技术的中欧陆海快线跨国供应链追溯体系中,为了保证追溯信息区块验证能够顺利执行,引入了智能合约。智能合约的作用是检验数据和设定规则,以便进行追溯信息哈希值的存储和区块检索。各个环节的追溯数据经过SHA256算法计算后所得到的哈希值需要接受智能合约的检验,只有满足智能合约所制订的规则时才能够上传至区块链。检验合格的哈希值上传至区块链后,将返回追溯信息的哈希值所在区块高度,为追溯信息的验证做准备。当需要进行追溯信息的验证时,智能合约将根据提供的区块高度,按照制订的规则直接定位该区块高度所指向的区块,检索该区块与追溯信息相关的哈希值并输出,以进行追溯信息的区块验证。智能合约的执行过程如图5-21所示。

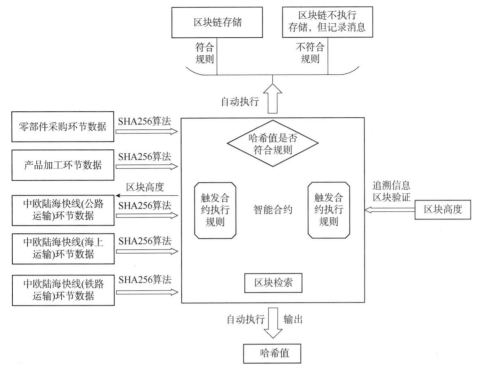

图 5-21 智能合约执行过程

智能合约需要中欧陆海快线跨国供应链上的各个参与主体共同制订。中欧陆海快线跨国供应链智能合约制订模型如图 5-22 所示。

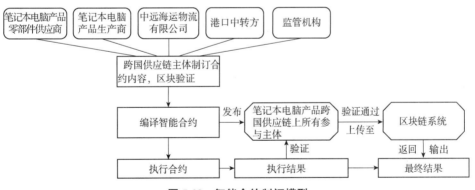

图 5-22 智能合约制订模型

本追溯体系的智能合约主要是针对追溯信息的区块验证。智能合约其实就是能够自动执行的计算机代码。制订完成智能合约规则后,需要对合约内容进行编译,将编译后的智能合约发布到中欧陆海快线跨国供应链节点网络上,由各个参与主体对编译后的智能合约进行验证,验证合约的合理性以及有效性。通过验证的智能合约将上传至区块链上。当触发智能合约条件后,将按照合约制订的规则执行,执行结果将接受中欧陆海快线跨国供应链节点网络上所有参与主体的共同验证;若验证通过,则通过区块链系统输出执行结果,并将这一交易信息存储在区块链上。

5.4.3 哈希算法设计

本追溯体系使用了哈希算法。哈希算法的核心原理是将任意长度的数据在一定的合理时间内,压缩成固定长度的二进制字符串,具体如图 5-23 所示。选用哈希算法对中欧陆海快线跨国供应链各个环节的数据进行加密的原因在于哈希算法具有不可逆性,即无法通过哈希值反推出具体的数据。此外,哈希算法具有唯一性,比如对于经过哈希算法计算后所得的哈希值 x,一定不会在计算机系统中找到与之相等的哈希值 y。这在环节众多、追溯信息繁杂的中欧陆海快线跨国供应链中至关重要,在一定程度上保证了追溯信息的真实性。

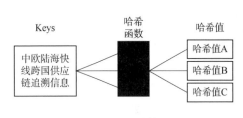

图 5-23　哈希算法

哈希算法广泛应用在各个领域。常用的加密算法有两大类,一类是 MD5 算法,另一类是 SHA256 算法。

基于区块链技术的中欧陆海快线跨国供应链追溯体系选择了 SHA256 算法。SHA256 属于 SHA(Secure Hash Algorithm,安全散列算法)系列算法的一种,名称中的"256"代表其摘要长度为 256bits,表示其拥有 32 个字节。采用 SHA256 算法对中欧陆海快线跨国供应链各个环节的追溯信息进行计算的过程,主要使用到如图 5-24 所示的 SHA256 常量,以及如图 5-25 所示的 SHA256 函数。

```
1    428a2f98 71374491 b5c0fbcf e9b5dba5
2    3956c25b 59f111f1 923f82a4 ab1c5ed5
3    d807aa98 12835b01 243185be 550c7dc3
4    72be5d74 80deb1fe 9bdc06a7 c19bf174
5    e49b69c1 efbe4786 0fc19dc6 240ca1cc
6    2de92c6f 4a7484aa 5cb0a9dc 76f988da
7    983e5152 a831c66d b00327c8 bf597fc7
8    c6e00bf3 d5a79147 06ca6351 14292967
9    27b70a85 2e1b2138 4d2c6dfc 53380d13
10   650a7354 766a0abb 81c2c92e 92722c85
11   a2bfe8a1 a81a664b c24b8b70 c76c51a3
12   d192e819 d6990624 f40e3585 106aa070
13   19a4c116 1e376c08 2748774c 34b0bcb5
14   391c0cb3 4ed8aa4a 5b9cca4f 682e6ff3
15   748f82ee 78a5636f 84c87814 8cc70208
16   90befffa a4506ceb bef9a3f7 c67178f2
```

图 5-24　SHA256 常量

```
1    CH (x, y, z) = (x AND y) XOR ( (NOT x) AND z)
2    MAJ( x, y, z) = (x AND y) XOR (x AND z) XOR (y AND z)
3    BSIG0(x) = ROTR^2(x) XOR ROTR^13(x) XOR ROTR^22(x)
4    BSIG1(x) = ROTR^6(x) XOR ROTR^11(x) XOR ROTR^25(x)
5    SSIG0(x) = ROTR^7(x) XOR ROTR^18(x) XOR SHR^3(x)
6    SSIG1(x) = ROTR^17(x) XOR ROTR^19(x) XOR SHR^10(x)
```

图 5-25　SHA256 函数

在 SHA256 常量和 SHA256 函数的基础上,提出中欧陆海快线跨国供应链各个环节追溯信息的 SHA256 算法计算流程。以中欧陆海快线跨国供应链中的笔记本电脑产品加工环节为例，首先将笔记本电脑产品加工环节的追溯信息分成 N 个数据块，对 N 个数据块进行 n 次迭代，假设初始值为 H_0，经过 n 次迭代后，将所得结果 H_1、H_2…H_n 串联起来后，得到最终的哈希值。具体的计算流程如图 5-26 所示。

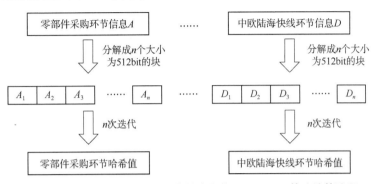

图 5-26　中欧陆海快线跨国供应链追溯体系 SHA256 算法计算流程

5.5　跨国供应链追溯实例

本节从数据库的角度出发，通过 SQL 语言实现基于区块链技术的中欧陆海快线跨国链的正向追溯和逆向追溯，并根据追溯信息所对应的区块高度，开发一个简单的区块链系统，实现区块验证。

5.5.1　数据库设计

选择关系型数据库 MySQL、数据库字符集 utf8mb4 作为研究工具，使用 Navicat 进行实现。本追溯系统一共设计了 5 个表，分别为 Block 表、NPTAEU 表、NPTPEU 表、Associations 关联表、Relations 关联表。每张表都设有长度为 255 的 varchar 型的 id 字段，该 id 字段是每一张表的主键，表之间通过 id 建立外键联系。

5.5.1.1　数据库实体关系（E-R）图

根据中欧陆海快线跨国供应链相关理论，设计出来的实体分别是 Block、NPTAEU、NPT-PEU、Associations、Relations。数据库 E-R 图和各个实体的属性如图 5-27 所示。

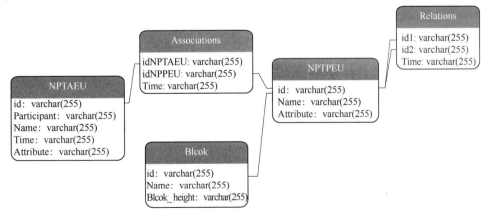

图 5-27　数据库 E-R 图和各个实体的属性

1) Block 实体

该实体用于存储从区块链返回的中欧陆海快线跨国供应链各环节的区块高度信息，以便进行追溯信息区块验证。Block 实体 E-R 图见图 5-28。

2) NPTAEU 实体

该实体用于存储中欧陆海快线跨国供应链中相关活动的信息，如批次号、参与主体、活动名称等。NPTAEU 实体 E-R 图见图 5-29。

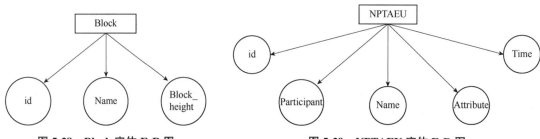

图 5-28　Block 实体 E-R 图　　　　　图 5-29　NPTAEU 实体 E-R 图

3) NPTPEU 实体

该实体用于存储中欧陆海快线跨国供应链中笔记本电脑产品的信息，如批次号、产品名称、产品属性等。NPTPEU 实体 E-R 图见图 5-30。

4) Associations 实体

该实体用于存储中欧陆海快线跨国供应链中笔记本电脑产品与活动之间的关联信息，如产品批次号、活动批次号、关联时间。Associations 实体 E-R 图见图 5-31。

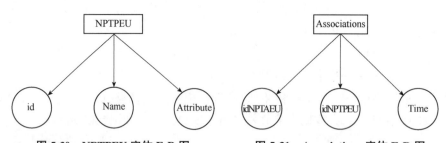

图 5-30　NPTPEU 实体 E-R 图　　　　图 5-31　Associations 实体 E-R 图

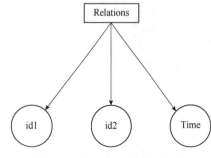

图 5-32　Relations 实体 E-R 图

5) Relations 实体

该实体用于存储中欧陆海快线跨国供应链中笔记本电脑产品之间的关联信息，如产品批次号、关联时间。Relations 实体 E-R 图见图 5-32。

5.5.1.2　数据字典

Block 实体、NPTAEU 实体、NPTPEU 实体、Associations 实体、Relations 实体的数据字典见表 5-10 ~ 表 5-14。

Block 实体数据字典　　　　　　　　表 5-10

属 性 名	字 段 名	类 型
产品批次号	id	varchar(255)
环节名称	Name	varchar(255)
区块高度	Block_height	varchar(255)

NPTAEU 实体数据字典　　　　　　　表 5-11

属 性 名	字 段 名	类 型
活动唯一标识号	id	varchar(255)
活动主体	Participant	varchar(255)
活动名称	Name	varchar(255)
活动时间	Time	varchar(255)
活动属性信息	Attribute	varchar(255)

NPTPEU 实体数据字典　　　　　　　表 5-12

属 性 名	字 段 名	类 型
产品批次号	id	varchar(255)
产品名称	Name	varchar(255)
产品属性信息	Attribute	varchar(255)

Associations 实体数据字典　　　　　表 5-13

属 性 名	字 段 名	类 型
产品批次号	idNPTPEU	varchar(255)
活动唯一标识号	idNPTAEU	varchar(255)
关联时间	Time	varchar(255)

Relations 实体数据字典　　　　　　表 5-14

属 性 名	字 段 名	类 型
子项产品批次号	id1	varchar(255)
父项产品批次号	id2	varchar(255)
关联时间	Time	varchar(255)

5.5.2　基于 SQL 语句的追溯算法设计

本小节从关系数据库的角度实现中欧陆海快线跨国供应链正向追溯、逆向追溯以及追溯信息的区块验证，设计正向追溯、逆向追溯以及区块验证的 SQL 语句。

5.5.2.1　正向追溯的 SQL 语句

正向追溯主要是从零部件出发，通过查询批次号，追溯该批次零部件的关联产品信息集合以及关联的活动信息集合。

追溯零部件的关联产品信息的 SQL 语句如下：

```
#实现根据零部件批次,追溯其关联产品信息集合
输入:零部件批次号
过程:
    SELECT
        a. *
    FROM
        nptpeu a
    WHERE
        a.id IN(
        SELECT
            b.id2
        FROM
            relations b
        WHERE
            b.id1 ='零部件批次号')
输出:零部件的关联产品信息集合
```

追溯零部件的关联活动信息的 SQL 语句如下：

```
#实现根据零部件批次,追溯其关联活动信息集合
输入:零部件批次号
过程:
    SELECT
        a. *
    FROM
        nptaeu a
    WHERE
        a.id IN(
        SELECT
            b.idnptaeu
        FROM
            Associations b
        WHERE
            b.idnptpeu ='零部件批次号')
输出:零部件的关联活动信息集合
```

5.5.2.2 逆向追溯的 SQL 语句

逆向追溯是从产品出发,通过查询其批次号,追溯与该批次产品关联的生产物料信息集合、产品及其物料所经历的历史活动信息集合。

追溯产品的关联生产物料信息的 SQL 语句如下:

```
#实现根据产品批次,追溯其生产物料信息集合
输入:产品批次号
    SELECT
        a.*
    FROM
        nptpeu a
    WHERE
        a.id IN(
        SELECT
            b.id2
        FROM
            relations b
        WHERE
            b.id1 ='产品批次号')
输出:产品的生产物料信息集合
```

追溯产品及其物料关联历史活动信息的 SQL 语句如下:

```
#实现根据产品批次,追溯其历史活动和物料历史活动信息集合
输入:产品批次号
过程:
    SELECT
        a.*,
        c.id nptpeuId,
        c.name name
    FROM
        nptaeu a
        LEFT JOIN associations b ON a.id = b.idnptaeu
        LEFT JOIN nptpeu c ON c.id = b.idnptpeu
    WHERE
        a.id IN(
        SELECT
            idnptaeu
        FROM
            associations
```

```
WHERE
    idnptpeu ='产品批次号' OR idnptpeu IN ( SELECT id2 FROM Relations WHERE id1 ='
产品批次号'))
输出:产品所经历的历史活动以及其物料所经历的历史活动信息集合
```

5.5.2.3　区块验证的 SQL 语句

区块验证主要通过查询产品或者零部件的批次号,追溯区块链返回的中欧陆海快线跨国供应链各环节的区块高度信息,为追溯信息的区块验证做准备。具体的 SQL 语句如下:

```
#实现中欧陆海快线跨国供应链各环节的区块高度信息的追溯
输入:产品批次号或零部件批次号
    SELECT
        *
    FROM
        Block
    WHERE
        id ='产品批次号或者零部件批次号'
输出:产品或者零部件的各个环节追溯信息所对应的区块高度
```

5.5.3　试验验证

本案例将展示如何利用 MySQL 数据库实现正向追溯和逆向追溯以及查询追溯信息所对应的区块高度,并进行追溯信息的区块验证实验,检验追溯信息是否被篡改。

第一步:在 MySQL 数据库建立活动 NPTAEU 表,用于存放活动信息,如图 5-33 所示。

对象　NPTAEU @中欧陆海快线跨国供应链追...

开始事务　文本 · 筛选　排序　导入　导出

id	Participant	Name	Time	Attribute
HPYS20191001	HP公司	零部件采购环节-运输注	2019-10-01 8:00	发车时间为2019年10月
HPJC20191007	HP公司	零部件采购环节-检测注	2019-10-07 9:00	2019年10月7日完成检测
HPRK20191008	HP公司	零部件采购环节-入库注	2019-10-08 9:00	2019年10月8日完成入库
HPJG20191010	HP公司	笔电产品加工环节-生产	2019-10-10 9:00	2019年10月10日，在重
HPBZ20191011	HP公司	笔电产品加工环节-包装	2019-10-10 11:00	2019年10月11日，在重
HPJC20191011	HP公司	笔电产品加工环节-检测	2019-10-11 11:00	2019年10月11日，在重
HPCK20191012	HP公司	笔电产品加工环节-成品	2019-10-11 12:00	2019年10月12日，检测
ZHYGLYS20191013	ZHY公司	中欧陆海快线运输环节	2019-10-13 9:00	2019年10月13日，笔电
ZHYGLYS20191015	ZHY公司	中欧陆海快线运输环节	2019-10-15 8:00	发车时间为2019年10月
ZHYHSYS20191018	ZHY公司	中欧陆海快线运输环节	2019-10-18 8:00	海运开始时间为2019年
ZHYTLYS20191025	ZHY公司	中欧陆海快线运输环节	2019-10-25 8:00	海运开始时间为2019年
ZHYJF20191101	ZHY公司	产品交付环节-交付产品	2019-11-01 9:00	笔电产品于2019年11月
BLAFSRG20191024	港口单位（比雷埃夫斯	中欧陆海快线运输环节	2019-10-24 11:00	入港时间为2019年10月
YTRG20191017	港口单位(盐田港)	中欧陆海快线运输环节	2019-10-17 8:00	入港时间为2019年10月
ZHYZX20191012	ZHY公司	产品装填集装箱环节—	2019-10-12 8:30	2019年10月12日，出库

图 5-33　NPTAEU 表的部分展示

图 5-33 中，“id”表示活动 NPTAEU 的唯一标识号，是 MySQL 数据库的主键。“Participant”是活动主体，“Name”是活动名称，“Time”表示活动开始的时间，“Attribute”表示活动的其他相关属性信息。

第二步：在 MySQL 数据库建立产品 NPTPEU 表，用于存放产品信息，如图 5-34 所示。

对象　NPTPEU @中欧陆海快线跨国供应链追...

开始事务　文本 · 筛选　排序　导入　导出

id	Name	Attribute
XP0120191001	芯片	2019年10月1日入库且检测合格
XP0220191001	芯片	2019年10月1日入库且检测合格
XP0320191001	芯片	2019年10月1日入库且检测合格
ZB0120191002	主板	2019年10月2日入库且检测合格
ZB0220191002	主板	2019年10月2日入库且检测合格
CPU0120191003	CPU	2019年10月3日入库且检测合格
NC0120191004	内存	2019年10月4日入库且检测合格
XK0120191005	显卡	2019年10月5日入库且检测合格
YP0120191006	硬盘	2019年10月6日入库且检测合格
JX0120191007	机箱	2019年10月7日入库且检测合格
XSQ0120191008	显示器	2019年10月7日入库且检测合格
BDBCP0120191010	笔电半成品	2019年10月10日加工完成
BDBCP0120191011	笔电半成品	2019年10月11日包装完成
BDCP0120191012	笔电产品	2019年10月12日完成所有加工作业且

图 5-34　NPTPEU 表的部分展示

图 5-34 中，“id”表示产品批次号，是 MySQL 数据库的主键。“Name”表示产品名称，“Attribute”表示产品的相关属性信息。

第三步：在 MySQL 数据库建立 NPTPEU 和 NPTAEU 的关联表 Associations，用于存放产品和活动之间的关联信息，如图 5-35 所示。

对象　Associations @中欧陆海快线跨国供应...

开始事务　文本 · 筛选　排序　导入　导出

idNPTAEU	idNPTPEU	Time
HPYS20191001	XP0120191001	2019-10-01 8:00
HPJC20191007	XP0120191001	2019-10-07 9:00
HPRK20191008	XP0120191001	2019-10-08 9:00
HPJG20191010	XP0120191001	2019-10-10 9:00
HPYS20191001	BDCP0120191012	2019-10-01 8:00
HPJC20191007	BDCP0120191012	2019-10-07 9:00
HPRK20191008	BDCP0120191012	2019-10-08 9:00
HPJG20191010	BDCP0120191012	2019-10-10 9:00
HPBZ20191011	BDCP0120191012	2019-10-11 9:00
HPJC20191011	BDCP0120191012	2019-10-11 14:00
HPCK20191012	BDCP0120191012	2019-10-12 9:00
ZHYJZX20191013	BDCP0120191012	2019-10-13 9:00
ZHYGLYS20191015	BDCP0120191012	2019-10-15 8:00
ZHYHSYS20191018	BDCP0120191012	2019-10-18 8:00
ZHYTLYS20191025	BDCP0120191012	2019-10-25 8:00
ZHYJF20191101	BDCP0120191012	2019-11-1 9:00
ZHYRG20191024	BDCP0120191012	2019-10-24 11:00
HPYS20191001	NC0120191004	2019-10-01 8:00
HPJC20191007	NC0120191004	2019-10-07 9:00
HPRK20191008	NC0120191004	2019-10-08 9:00
HPJG20191010	NC0120191004	2019-10-10 9:00
ZHYZX20191012	BDCP0120191012	2019-10-12 8:30

图 5-35　Associations 表的部分展示

图 5-35 中,活动的标识号用"idNPTAEU"表示,产品的标识号用"idNPTPEU"表示,"id-NPTPEU"和"idNPTAEU"是数据库的主键,"Time"表示活动与产品形成关联的时间。

第四步:在 MySQL 数据库建立产品 NPTPEU 之间的关联表 Relations,用于存放产品之间的关联信息,如图 5-36 所示。

图 5-36 中,"id1"和"id2"表示产品批次号,数据库的主键是"id1"和"id2","Time"表示产品之间形成关联的时间。

第五步:在 MySQL 数据库建立区块 Block 表,用于存储区块链返回的中欧陆海快线跨国供应链各环节的区块高度信息,以便进行区块验证,如图 5-37 所示。

图 5-36 Relations 表的部分展示

图 5-37 Block 表的部分展示

5.5.3.1 正向追溯试验

以追溯批次号为"XP0120191001"的芯片的关联产品信息以及关联活动信息为例。在追溯数据库中建立查询,输入相应的 SQL 算法,分两步实现追溯。追溯结果如图 5-38、图 5-39 所示。

图 5-38 芯片关联产品信息追溯结果

图 5-39 芯片关联活动信息追溯结果

从该追溯结果中,可以看到对于批次号为"XP0120191001"的芯片,其父项分别是主板、笔记本电脑半成品以及最终的笔记本电脑产品。所经历的活动有零部件运输、零部件检测、零部件入库等。每一父项产品以及所经历的活动的相关信息集合(包括活动主体、活动名称以及其他相关属性信息等)都能够显示在追溯结果中。

5.5.3.2 逆向追溯试验

以追溯批次号为"BDCP0120191012"的笔记本电脑产品的零部件信息以及关联活动信息为例。在追溯数据库中建立查询,输入相应的 SQL 算法。追溯结果如图 5-40、图 5-41 所示。

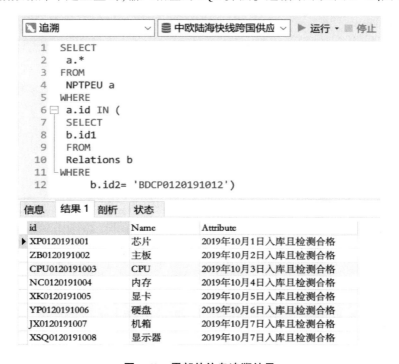

图 5-40 零部件信息追溯结果

图 5-41　产品及物料关联活动信息追溯结果

从该追溯结果中,可以看出批次号为"BDCP0120191012"的笔记本电脑产品使用了芯片(批次号为"XP0120191001")、主板(批次号为"ZB0120191002")、处理器(批次号为"CPU0120191003")、内存(批次号为"NC0120191004")、显卡(批次号为"XK0120191005")、硬盘(批次号为"YP0120191005")等部件。

从关联活动追溯结果中可以看出,批次号为"BDCP0120191012"的笔记本电脑产品经历了零部件采购、生产加工、检测、加工包装、中欧陆海快线公路运输、中欧陆海快线海上运输等环节以及这些环节的相关属性信息。通过追溯结果,还可以看到笔记本电脑产品的某一组成部件(例如批次号为"XP0120191001"的芯片)经历了零部件运输、检测、入库等活动。

5.5.3.3　区块验证试验

根据区块存储结构和基于区块链技术的中欧陆海快线跨国供应链追溯模型,建立一个简单的区块链系统,将各个环节的追溯信息经哈希算法计算所得的哈希值上传到区块链,如图 5-42 所示。"Blcok"代表区块高度,"Nonce"表示随机数,"Data"存储相关信息(包括中欧陆海快线跨国供应链各个环节追溯信息的哈希值)。区块之间通过哈希值,按照时间顺序进行连接,每个区块指向前一区块。当某一区块的相关信息被篡改,下一个区块所包含的前一区块的哈希值将无法与篡改后的值进行匹配连接,如图 5-43 所示。因此,一旦修改了某个区块信息,除非能够强制重新修改后续区块,否则修改区块链上的数据而不被发现几乎是不可能发生的。区块链的这一特性保证了数据不可篡改。

建立区块链后,验证批次号"BDCP0120191012"的笔记本电脑产品的采购环节的追溯信息是否被篡改。首先对逆向追溯算法所追溯到的采购环节的追溯信息使用 SHA256 算法进行哈希计算,可得到哈希值为 7180d9f1849656e25985d36b9ff909e74ce7862898092a220f439126e843521d,如图 5-44 所示。

第5章 中欧陆海快线货物信息实时跟踪

图 5-42 区块链演示图

图 5-43 篡改某一区块信息

图 5-44 追溯信息哈希计算

接着在追溯数据库中建立查询，输入相应的 SQL 算法，查询该批次产品的区块高度信息，如图 5-45 所示。

图 5-45　区块高度追溯结果

通过区块高度追溯结果可知,该批次产品的零部件采购环节信息在区块链上的区块高度为 0,因此在区块链上查找区块高度为 0 的区块,获取其哈希值(7180d9f1849656e25985d36b9ff909e74ce7862898092a220f439126e843521d),发现其哈希值与零部件采购环节追溯信息经哈希计算后的哈希值一致,说明追溯信息未被篡改。

第6章　中欧陆海快线多式联运组织方案优化

6.1　多式联运网络分析

6.1.1　海铁联运网络分析思路

中欧陆海快线作为中欧贸易运输的大通道,逐渐成为我国与欧洲间重要的连接纽带。本章的目标是完善中欧陆海快线海铁联运网络的布局,确定固定的货物集散节点、合适的中转节点,提高运输路线优化的规范性,从而有助于企业为客户提供优质的运输服务方案和提出有竞争力的报价。

本章首先分析中欧陆海快线开行的海运航线、欧洲段的铁路班列线路,选取适合的中国沿海节点城市和欧洲的中转国家;接着基于模糊综合评价法以及中欧陆海快线的实际运营情况,优选我国内陆的中转节点;最终,建立完整的中欧陆海快线海铁联运网络,便于从"点"到"线"、从"站"到"途"以及从"中转"到"运输",对运输过程进行分析,为中欧陆海快线海铁联运路线优化研究奠定基础。

6.1.2　欧洲中转节点

中欧陆海快线在欧洲布局方面审慎考虑、积极尝试、不断探索,为了扩大比雷埃夫斯港服务欧洲铁路支线的范围,目前已经选出了五个国家作为欧洲中转节点——北马其顿、塞尔维亚、匈牙利、斯洛伐克、捷克。

1) 希腊

希腊是中欧陆海快线的重要欧洲中转节点,所有船只都将在希腊比雷埃夫斯港登陆,可以说是中欧陆海快线的必经节点。从陆路来看,比雷埃夫斯港是进入中东欧、欧盟等市场的"南大门";从海路来看,比雷埃夫斯港是巴尔干区域最重要的港口,是连接中东欧、黑海、南欧、西欧、中东、非洲的重要海运中转节点。

2) 北马其顿

中欧陆海快线在欧洲的第一个节点是北马其顿,提供中转服务的是北马其顿的斯科普里港,它是北马其顿境内第一个现代化无水码头。斯科普里港位于保税区内,带有一个保税仓库,可办理清、报关手续;场站集装箱堆场占地$5000m^2$,未来将扩展到$10000m^2$;配备起重能力可达$45t$的正面吊2台,每天最多可操作6列火车;配备冷箱插座20个;场站具备清洁和修理集装箱的服务能力;提供全天候安保服务。

3）塞尔维亚

中欧陆海快线在欧洲的第二个节点是塞尔维亚,提供中转服务的场站是贝尔格莱德铁路场站。贝尔格莱德是塞尔维亚的首都,地理位置十分重要,是中欧之间重要的联络点,有重要的战略意义。贝尔格莱德铁路场站处于塞尔维亚的中心区,铁路周边连接 2 条主要的高速公路——E-70 和 E-75,可直接通往塞尔维亚境内各主要区域和各主要厂区。贝尔格莱德铁路场站配备了超过 12000 m^2 的仓储空间,铁路场站内可堆放超过 1000 标准箱,并且可以实现"铁路—场站—铁路"的直接转运服务。

4）匈牙利

中欧陆海快线在欧洲的第三个节点是匈牙利,提供中转服务的是布达佩斯铁路场站。布达佩斯位于匈牙利的中北部,与境内和周边国家的连通性都非常好,交通十分便利。布达佩斯铁路场站是匈牙利的 13 个国家级物流中心之一,配套设施先进。场站占地 100 万 m^2,位于 M0 高速公路和布达佩斯至凯莱比奥的铁路线附近,靠近重要的国际交通线交汇处。除优越的公路和铁路条件外,该中心还可以利用方便的水运和空运,直接通往匈牙利境内各主要区域。

5）斯洛伐克

中欧陆海快线在欧洲的第四个节点是斯洛伐克,提供中转服务的是多瑙特斯特雷达铁路场站。多瑙特斯特雷达铁路场站位于斯洛伐克的西部,距离斯洛伐克首都布拉迪斯拉发不到 50km,公路、铁路运输都非常便利。场站占地面积 28 万 m^2;堆场能力大,可以同时存放 2.5 万个满载集装箱和 1.5 万空集装箱;配备 3 台起重机和 4 台堆垛机;作业效率高,可同时处理 9 趟列车;提供全年全天候作业服务。

6）捷克

中欧陆海快线在欧洲的第五个节点是捷克,提供中转服务的是捷克的帕尔杜比采铁路场站。该场站位于捷克东北部,铁路运输十分便利,从这里可以到达捷克的每个城市。场站为中欧陆海快线班列提供停靠、清关、装卸、中转等集成服务。

6.1.3　我国沿海港口节点

通过查询从我国港口出发到希腊比雷埃夫斯港的航线,结合实际的运营情况,选择了 7 个我国沿海港口节点——大连港、天津新港、青岛港、上海港、宁波港、厦门港、深圳港(包含蛇口港、盐田港)。

6.1.4　基于模糊综合评价法选取我国内陆中转节点

我国内陆地域辽阔,各城市的交通水平、区域位置、进出口水平等情况各不相同。选出合适的中欧陆海快线我国内陆中转节点,是一个模糊不确定性的问题,需要用模糊数学方法来解决。

本小节对影响中欧陆海快线海铁联运路线优化的若干因素根据性质差异进行分类,建立中欧陆海快线海铁联运我国内陆节点的评价指标体系,确定评价指标体系中各指标因素的权重,最后利用模糊综合评价模型对中欧陆海快线海铁联运我国内陆节点进行模糊综合评价,选出评分较优的城市作为我国内陆中转的备选节点。

6.1.4.1 模糊综合评价体系的构建

中转节点是不同运输方式之间的转接站点,是多式联运的重要组成部分,承担着运输方式转换、货物转接、信息转接等功能;中转节点作业的流程、内容、作业时间和费用的构成,直接影响着整个多式联运过程的流畅性。因此,结合中欧陆海快线我国内陆段的业务情况、运营流程和多式联运的特性,找出在运输过程中对中转节点选择产生影响的因素。从我国内陆出发地到沿海港口的流程如图 6-1 所示。

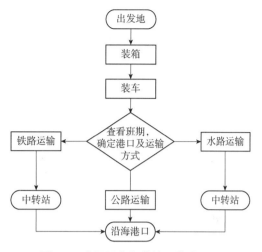

图 6-1 我国国内集装箱运营流程图

结合运营流程的分析,中欧陆海快线我国内陆中转节点选择的影响因素有:

①运输状况。货物运输能力与交通运输水平密不可分,因此城市的综合公路运输能力、综合铁路运输能力、内河状况、到沿海港口的距离以及选择海运的便利程度都是一个城市能否被选为中转节点的参考因素。

②社会经济状况。中转节点城市的生产总值、向欧洲国家出口货量、货源覆盖范围、集疏水平、场站设备的服务能力能否为货物的中转提供便捷高效的换装服务,是考虑一个城市是否可作为中转节点的重要因素。

③服务能力。中欧陆海快线是国际运输通道,因此中转节点是否具备信息服务能力、是否能通过信息平台确保在货物运输途中能够及时掌握准确的物流信息,是选择中转节点的一个影响因素。中欧陆海快线的运输方式是多式联运,在选择中转节点时,需考虑节点城市间的联运衔接能力以及能否快速完成中转任务。

基于上述各项影响因素,对我国内陆中转节点建立评价指标体系,如图 6-2 所示。

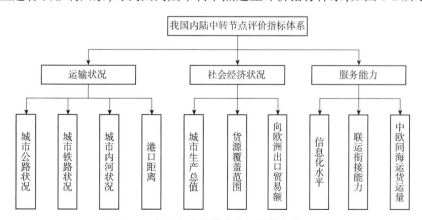

图 6-2 我国内陆中转节点评价指标体系

6.1.4.2 模糊综合评价的评价集构建

本研究中,取等级数 $n=5$,选取 v_1、v_2、v_3、v_4、v_5 分别表示非常好、好、一般、差、很差,得分

集 $H=\{5,4,3,2,1\}$。根据各因素的重要程度,采用如表 6-1 所示的标度法构造因素层的判断矩阵 C 和指标层的判断矩阵 D。

标 度 法　　　　　　　　表 6-1

x_i 比 x_j 重要程度	判断值 b_{ij}
同等重要	1
略微重要	3
比较重要	5
非常重要	7
极度重要	9
介于上述重要度中间	2,4,6,8

6.1.4.3 模糊综合评价的权重分配

根据我国内陆中转节点评价指标体系构建层次结构模型,运用标度法对影响因素进行重要性比较。构造各因素的判断矩阵 C、D_1、D_2、D_3,再计算判断向量,对向量进行规范性处理,得到最终权重向量,并对最终权重进行一致性检验,具体结果如表 6-2~表 6-7 所示。

各影响因素判断矩阵 C 及权重　　　　　　　　表 6-2

因　素	运输状况	社会经济状况	服务能力	权　重
运输状况	1.00	3.00	2.00	0.55
社会经济状况	0.33	1.00	1.00	0.22
服务能力	0.50	1.00	1.00	0.23

运输状况指标判断矩阵 D_1 及权重　　　　　　　　表 6-3

运输状况	城市公路状况	城市铁路状况	城市内河状况	港口距离	权　重
城市公路状况	1.00	0.25	0.50	1.00	0.14
城市铁路状况	4.00	1.00	2.00	2.00	0.44
城市内河状况	2.00	0.50	1.00	2.00	0.27
港口距离	1.00	0.50	0.50	1.00	0.15

社会经济状况指标判断矩阵 D_2 及权重　　　　　　　　表 6-4

社 会 经 济	城市生产总值	货源覆盖范围	向欧洲出口贸易额	权　重
城市生产总值	1.00	0.33	0.50	0.17
货源覆盖范围	3.00	1.00	1.00	0.46
向欧洲出口贸易额	2.00	1.00	1.00	0.40

服务能力指标判断矩阵 D_3 及权重　　　　　　　　表 6-5

服 务 水 平	信息化水平	联运衔接能力	中欧间海运货运量	权　重
信息化水平	1.00	0.33	0.33	0.14
联运衔接能力	3.00	1.00	1.00	0.43
中欧间海运货运量	3.00	1.00	1.00	0.43

各判断矩阵通过检验的情况 表6-6

判断矩阵	λ_{max}	$CI=(\lambda_{max}-n)/(n-1)$	RI	$CR=CI/RI$	是否通过检验
C	3.0154	0.0077	0.52	0.015	是
$D1$	0.0000	0.0000	0.52	0.000	是
$D2$	3.0154	0.0077	0.52	0.015	是
$D3$	3.0055	0.0028	0.52	0.0054	是

我国内陆中转节点选择的影响因素及指标权重 表6-7

因　　素	权　　重	指　　标	权　　重	总　权　重
运输状况	0.55	城市公路状况	0.14	0.08
		城市铁路状况	0.44	0.24
		城市内河状况	0.27	0.15
		港口距离	0.15	0.08
社会经济状况	0.22	城市生产总值	0.17	0.04
		货源覆盖范围	0.46	0.10
		向欧洲出口贸易额	0.40	0.09
服务能力	0.23	信息化水平	0.12	0.03
		联运衔接能力	0.48	0.11
		中欧间海运货运量	0.40	0.09

6.1.4.4 模糊综合评价构建评价矩阵

在选择评选对象时根据城市地理位置、经济发展情况、百强城市综合排名，将我国内陆的直辖市、各省会城市作为评价对象，选出北京、西安、郑州、重庆、南昌、南京、武汉、兰州、济南、石家庄、太原、南京、杭州、乌鲁木齐、呼和浩特、长春、哈尔滨、合肥、福州、南宁、成都、昆明、拉萨、西宁、银川共26个城市。

评价城市公路状况时，参考了《中国主要城市道路密度检测报告》、各省市收费公路统计公报、各省市公路网运行白皮书等资料。评价城市铁路状况时，参考了全国各省、自治区、直辖市铁路营运里程排行榜、铁路密度报告。评价城市内河状况时，参考了各省、自治区、直辖市的内河航运里程、内河航运排名。评价港口距离时，参考到最近的中欧陆海快线海铁联运沿海港口的里程。评价向欧洲出口贸易额时，参考了海关总署发布的我国内陆城市与欧洲国家的贸易数据。评价信息化水平时，参考了国家网信办发布的《数字中国建设发展报告》的信息服务应用指数得分。采用论文《陆海统筹下的"一带一路"多式联运路线优化研究》中对多式联运连接性的分析，作为联运衔接水平的评分依据。评价中欧间海运货运量时，参考了Z公司提供的我国各个城市运往欧洲的货量。

经过合理分析后，利用专家打分法对各因素进行隶属度的确定。专家人数为10人，部分评价结果如表6-8所示。

我国内陆中转节点选择的影响因素隶属度矩阵表　　　表6-8

城市	运输状况				社会经济状况			服务能力		
	城市公路状况	城市铁路状况	城市内河状况	港口距离	城市生产总值	向欧洲出口贸易额	货源覆盖范围	信息化水平	联运衔接能力	中欧间海运货运量
北京	5(0) 4(2) 3(3) 2(5) 1(0)	5(1) 4(5) 3(3) 2(2) 1(0)	5(0) 4(0) 3(0) 2(0) 1(10)	5(1) 4(5) 3(4) 2(0) 1(0)	5(0) 4(7) 3(3) 2(0) 1(0)	5(2) 4(5) 3(3) 2(0) 1(0)	5(1) 4(4) 3(3) 2(2) 1(0)	5(2) 4(6) 3(2) 2(0) 1(0)	5(1) 4(5) 3(3) 2(2) 1(0)	5(1) 4(5) 3(4) 2(0) 1(0)
杭州	5(1) 4(5) 3(3) 2(1) 1(0)	5(1) 4(4) 3(5) 2(0) 1(0)	5(1) 4(5) 3(4) 2(0) 1(0)	5(2) 4(5) 3(5) 2(0) 1(0)	5(1) 4(4) 3(5) 2(1) 1(0)	5(1) 4(5) 3(5) 2(0) 1(0)	5(1) 4(5) 3(4) 2(0) 1(0)	5(1) 4(6) 3(3) 2(0) 1(0)	5(2) 4(5) 3(3) 2(0) 1(0)	5(0) 4(5) 3(5) 2(0) 1(0)
武汉	5(0) 4(3) 3(3) 2(4) 1(0)	5(0) 4(8) 3(2) 2(0) 1(0)	5(1) 4(5) 3(4) 2(0) 1(0)	5(0) 4(1) 3(5) 2(3) 1(1)	5(0) 4(5) 3(4) 2(1) 1(0)	5(1) 4(5) 3(4) 2(0) 1(0)	5(1) 4(6) 3(3) 2(0) 1(0)	5(1) 4(6) 3(3) 2(0) 1(0)	5(2) 4(5) 3(3) 2(0) 1(0)	5(0) 4(5) 3(4) 2(1) 1(0)
重庆	5(0) 4(3) 3(4) 2(3) 1(0)	5(0) 4(5) 3(4) 2(1) 1(0)	5(0) 4(5) 3(3) 2(1) 1(0)	5(0) 4(0) 3(3) 2(5) 1(2)	5(0) 4(6) 3(4) 2(0) 1(0)	5(3) 4(5) 3(2) 2(0) 1(0)	5(2) 4(5) 3(3) 2(0) 1(0)	5(1) 4(6) 3(3) 2(0) 1(0)	5(1) 4(5) 3(4) 2(0) 1(0)	5(3) 4(5) 3(2) 2(0) 1(0)
南昌	5(0) 4(3) 3(4) 2(3) 1(0)	5(0) 4(6) 3(4) 2(0) 1(0)	5(0) 4(2) 3(3) 2(5) 1(0)	5(2) 4(5) 3(3) 2(0) 1(0)	5(0) 4(5) 3(4) 2(1) 1(0)	5(1) 4(4) 3(5) 2(0) 1(0)	5(1) 4(3) 3(4) 2(2) 1(0)	5(0) 4(6) 3(4) 2(0) 1(0)	5(1) 4(5) 3(4) 2(0) 1(0)	5(0) 4(4) 3(5) 2(1) 1(0)
西安	5(0) 4(2) 3(3) 2(5) 1(0)	5(0) 4(3) 3(4) 2(3) 1(0)	5(0) 4(0) 3(0) 2(0) 1(10)	5(0) 4(0) 3(1) 2(5) 1(4)	5(0) 4(3) 3(3) 2(3) 1(1)	5(1) 4(4) 3(5) 2(0) 1(0)	5(0) 4(3) 3(4) 2(3) 1(0)	5(0) 4(5) 3(5) 2(0) 1(0)	5(0) 4(5) 3(4) 2(1) 1(0)	5(0) 4(3) 3(5) 2(2) 1(0)
郑州	5(0) 4(3) 3(4) 2(3) 1(0)	5(2) 4(4) 3(4) 2(0) 1(0)	5(0) 4(0) 3(0) 2(0) 1(10)	5(0) 4(0) 3(4) 2(3) 1(0)	5(0) 4(3) 3(3) 2(4) 1(0)	5(1) 4(4) 3(5) 2(0) 1(0)	5(1) 4(5) 3(4) 2(2) 1(0)	5(0) 4(6) 3(4) 2(0) 1(0)	5(1) 4(5) 3(4) 2(0) 1(0)	5(0) 4(6) 3(4) 2(0) 1(0)

续上表

城市	运输状况				社会经济状况			服务能力		
	城市公路状况	城市铁路状况	城市内河状况	港口距离	城市生产总值	向欧洲出口贸易额	货源覆盖范围	信息化水平	联运衔接能力	中欧间海运货运量
兰州	5(0) 4(0) 3(1) 2(5) 1(4)	5(0) 4(2) 3(3) 2(5) 1(0)	5(0) 4(0) 3(0) 2(0) 1(10)	5(0) 4(0) 3(0) 2(4) 1(6)	5(0) 4(0) 3(3) 2(5) 1(2)	5(0) 4(2) 3(3) 2(3) 1(2)	5(0) 4(2) 3(3) 2(3) 1(2)	5(0) 4(5) 3(5) 2(0) 1(0)	5(0) 4(1) 3(3) 2(0) 1(4)	5(0) 4(1) 3(3) 2(4) 1(2)
长沙	5(0) 4(3) 3(4) 2(3) 1(0)	5(0) 4(5) 3(3) 2(2) 1(0)	5(0) 4(3) 3(4) 2(3) 1(0)	5(0) 4(3) 3(2) 2(4) 1(2)	5(0) 4(4) 3(5) 2(4) 1(0)	5(1) 4(4) 3(5) 2(0) 1(0)	5(1) 4(3) 3(4) 2(2) 1(0)	5(0) 4(6) 3(4) 2(0) 1(0)	5(1) 4(5) 3(4) 2(0) 1(0)	5(0) 4(4) 3(5) 2(1) 1(0)
南京	5(0) 4(2) 3(3) 2(5) 1(0)	5(0) 4(7) 3(3) 2(0) 1(0)	5(0) 4(4) 3(5) 2(1) 1(0)	5(1) 4(5) 3(4) 2(0) 1(0)	5(0) 4(4) 3(2) 2(4) 1(0)	5(0) 4(4) 3(5) 2(0) 1(0)	5(1) 4(3) 3(4) 2(2) 1(0)	5(1) 4(6) 3(3) 2(0) 1(0)	5(1) 4(5) 3(4) 2(0) 1(0)	5(0) 4(4) 3(5) 2(1) 1(0)
太原	5(0) 4(1) 3(3) 2(6) 1(0)	5(0) 4(3) 3(4) 2(3) 1(0)	5(0) 4(0) 3(0) 2(0) 1(10)	5(0) 4(0) 3(0) 2(4) 1(6)	5(0) 4(0) 3(6) 2(4) 1(0)	5(0) 4(5) 3(4) 2(1) 1(0)	5(0) 4(2) 3(4) 2(4) 1(0)	5(0) 4(1) 3(4) 2(5) 1(0)	5(0) 4(5) 3(4) 2(4) 1(0)	5(0) 4(4) 3(4) 2(2) 1(0)
沈阳	5(0) 4(1) 3(3) 2(5) 1(1)	5(0) 4(3) 3(3) 2(4) 1(0)	5(0) 4(0) 3(0) 2(0) 1(10)	5(0) 4(1) 3(5) 2(4) 1(0)	5(0) 4(4) 3(2) 2(4) 1(0)	5(0) 4(6) 3(3) 2(1) 1(0)	5(1) 4(3) 3(4) 2(2) 1(0)	5(0) 4(1) 3(4) 2(5) 1(0)	5(0) 4(5) 3(4) 2(1) 1(0)	5(0) 4(6) 3(3) 2(1) 1(0)
石家庄	5(0) 4(1) 3(3) 2(6) 1(0)	5(0) 4(3) 3(4) 2(3) 1(0)	5(0) 4(0) 3(0) 2(0) 1(10)	5(0) 4(0) 3(2) 2(6) 1(2)	5(0) 4(3) 3(3) 2(4) 1(0)	5(0) 4(2) 3(3) 2(3) 1(0)	5(0) 4(2) 3(3) 2(5) 1(0)	5(0) 4(1) 3(4) 2(5) 1(0)	5(0) 4(2) 3(4) 2(2) 1(0)	5(0) 4(3) 3(4) 2(3) 1(0)
济南	5(0) 4(1) 3(3) 2(5) 1(1)	5(0) 4(4) 3(4) 2(2) 1(0)	5(0) 4(0) 3(0) 2(0) 1(10)	5(0) 4(0) 3(2) 2(8) 1(0)	5(0) 4(3) 3(3) 2(4) 1(0)	5(1) 4(3) 3(3) 2(2) 1(0)	5(0) 4(3) 3(3) 2(4) 1(0)	5(0) 4(1) 3(4) 2(5) 1(0)	5(0) 4(2) 3(3) 2(3) 1(2)	5(0) 4(4) 3(3) 2(3) 1(0)

续上表

城市	运输状况				社会经济状况			服务能力		
	城市公路状况	城市铁路状况	城市内河状况	港口距离	城市生产总值	向欧洲出口贸易额	货源覆盖范围	信息化水平	联运衔接能力	中欧间海运货运量
乌鲁木齐	5(0)	5(0)	5(0)	5(0)	5(0)	5(0)	5(0)	5(0)	5(0)	5(0)
	4(0)	4(0)	4(0)	4(0)	4(0)	4(2)	4(0)	4(1)	4(1)	4(0)
	3(1)	3(3)	3(0)	3(0)	3(4)	3(3)	3(2)	3(4)	3(3)	3(3)
	2(5)	2(3)	2(0)	2(3)	2(5)	2(3)	2(4)	2(4)	2(4)	2(3)
	1(4)	1(4)	1(10)	1(7)	1(1)	1(2)	1(4)	1(1)	1(2)	1(4)
呼和浩特	5(0)	5(0)	5(0)	5(0)	5(0)	5(0)	5(0)	5(0)	5(0)	5(0)
	4(0)	4(2)	4(0)	4(0)	4(3)	4(1)	4(2)	4(2)	4(1)	4(0)
	3(2)	3(3)	3(0)	3(0)	3(3)	3(3)	3(3)	3(3)	3(4)	3(3)
	2(5)	2(4)	2(0)	2(3)	2(4)	2(2)	2(2)	2(4)	2(3)	2(3)
	1(3)	1(1)	1(10)	1(7)	1(0)	1(2)	1(2)	1(0)	1(2)	1(4)
长春	5(0)	5(0)	5(0)	5(0)	5(0)	5(0)	5(0)	5(0)	5(0)	5(0)
	4(1)	4(3)	4(0)	4(0)	4(2)	4(5)	4(2)	4(2)	4(2)	4(4)
	3(3)	3(3)	3(0)	3(3)	3(3)	3(3)	3(3)	3(3)	3(4)	3(3)
	2(5)	2(4)	2(0)	2(6)	2(5)	2(2)	2(4)	2(5)	2(3)	2(3)
	1(1)	1(0)	1(10)	1(1)	1(0)	1(0)	1(1)	1(0)	1(1)	1(0)
哈尔滨	5(0)	5(0)	5(0)	5(0)	5(0)	5(0)	5(0)	5(0)	5(0)	5(0)
	4(1)	4(3)	4(0)	4(0)	4(3)	4(5)	4(2)	4(5)	4(2)	4(5)
	3(3)	3(3)	3(0)	3(2)	3(3)	3(3)	3(3)	3(5)	3(4)	3(3)
	2(5)	2(4)	2(0)	2(4)	2(4)	2(2)	2(4)	2(0)	2(3)	2(2)
	1(1)	1(0)	1(10)	1(4)	1(0)	1(0)	1(1)	1(0)	1(1)	1(0)
合肥	5(0)	5(0)	5(0)	5(0)	5(0)	5(1)	5(0)	5(0)	5(0)	5(0)
	4(3)	4(3)	4(2)	4(2)	4(3)	4(3)	4(6)	4(6)	4(4)	4(3)
	3(4)	3(3)	3(2)	3(2)	3(3)	3(3)	3(4)	3(4)	3(3)	3(4)
	2(3)	2(4)	2(5)	2(5)	2(4)	2(3)	2(0)	2(0)	2(3)	2(3)
	1(0)	1(0)	1(0)	1(1)	1(0)	1(0)	1(0)	1(0)	1(0)	1(0)
成都	5(1)	5(0)	5(0)	5(0)	5(0)	5(1)	5(0)	5(1)	5(1)	5(0)
	4(4)	4(3)	4(0)	4(1)	4(3)	4(4)	4(6)	4(6)	4(5)	4(3)
	3(4)	3(3)	3(3)	3(3)	3(3)	3(5)	3(3)	3(3)	3(4)	3(5)
	2(1)	2(4)	2(0)	2(5)	2(4)	2(0)	2(0)	2(0)	2(0)	2(2)
	1(0)	1(0)	1(10)	1(1)	1(0)	1(0)	1(0)	1(0)	1(0)	1(0)
南宁	5(0)	5(0)	5(0)	5(0)	5(0)	5(0)	5(0)	5(0)	5(0)	5(0)
	4(3)	4(4)	4(0)	4(1)	4(3)	4(4)	4(2)	4(5)	4(2)	4(2)
	3(4)	3(3)	3(5)	3(2)	3(3)	3(3)	3(5)	3(5)	3(4)	3(3)
	2(3)	2(4)	2(3)	2(6)	2(4)	2(3)	2(3)	2(0)	2(2)	2(3)
	1(0)	1(0)	1(2)	1(1)	1(0)	1(0)	1(2)	1(0)	1(2)	1(0)

续上表

城市	运输状况				社会经济状况			服务能力		
	城市公路状况	城市铁路状况	城市内河状况	港口距离	城市生产总值	向欧洲出口贸易额	货源覆盖范围	信息化水平	联运衔接能力	中欧间海运货运量
福州	5(0)	5(0)	5(0)	5(0)	5(0)	5(1)	5(0)	5(0)	5(0)	5(0)
	4(4)	4(4)	4(2)	4(2)	4(6)	4(4)	4(5)	4(6)	4(5)	4(4)
	3(3)	3(5)	3(3)	3(5)	3(4)	3(5)	3(4)	3(4)	3(4)	3(5)
	2(2)	2(1)	2(3)	2(3)	2(0)	2(0)	2(1)	2(0)	2(1)	2(1)
	1(0)	1(0)	1(2)	1(0)	1(0)	1(0)	1(0)	1(0)	1(0)	1(0)
昆明	5(0)	5(0)	5(0)	5(0)	5(0)	5(0)	5(0)	5(0)	5(0)	5(0)
	4(3)	4(2)	4(0)	4(0)	4(4)	4(4)	4(3)	4(6)	4(4)	4(2)
	3(4)	3(3)	3(5)	3(1)	3(3)	3(3)	3(4)	3(4)	3(4)	3(3)
	2(3)	2(4)	2(3)	2(6)	2(4)	2(3)	2(3)	2(0)	2(2)	2(5)
	1(0)	1(1)	1(2)	1(3)	1(0)	1(0)	1(0)	1(0)	1(0)	1(0)
拉萨	5(0)	5(0)	5(0)	5(0)	5(0)	5(0)	5(0)	5(0)	5(0)	5(0)
	4(0)	4(0)	4(0)	4(0)	4(0)	4(0)	4(0)	4(0)	4(0)	4(0)
	3(1)	3(2)	3(0)	3(0)	3(3)	3(3)	3(1)	3(3)	3(3)	3(3)
	2(5)	2(3)	2(0)	2(8)	2(5)	2(4)	2(5)	2(5)	2(4)	2(4)
	1(4)	1(5)	1(10)	1(2)	1(2)	1(3)	1(4)	1(2)	1(3)	1(3)
西宁	5(0)	5(0)	5(0)	5(0)	5(0)	5(0)	5(0)	5(0)	5(0)	5(0)
	4(1)	4(0)	4(0)	4(0)	4(0)	4(0)	4(0)	4(0)	4(0)	4(0)
	3(3)	3(2)	3(0)	3(0)	3(3)	3(3)	3(3)	3(4)	3(2)	3(3)
	2(5)	2(3)	2(0)	2(7)	2(5)	2(5)	2(5)	2(3)	2(4)	2(4)
	1(1)	1(5)	1(10)	1(3)	1(2)	1(2)	1(2)	1(3)	1(4)	1(3)
银川	5(0)	5(0)	5(0)	5(0)	5(0)	5(0)	5(0)	5(0)	5(0)	5(0)
	4(1)	4(0)	4(0)	4(0)	4(0)	4(2)	4(1)	4(0)	4(0)	4(1)
	3(2)	3(2)	3(0)	3(1)	3(3)	3(3)	3(3)	3(2)	3(2)	3(3)
	2(5)	2(3)	2(0)	2(4)	2(3)	2(3)	2(4)	2(5)	2(4)	2(3)
	1(2)	1(5)	1(10)	1(5)	1(2)	1(2)	1(2)	1(2)	1(4)	1(3)

根据上表,给出各城市的单因素模糊评价矩阵。$R_1 \sim R_{26}$ 分别代北京、西安、郑州、重庆、南昌、南京、武汉、兰州、济南、石家庄、太原、南京、杭州、乌鲁木齐、呼和浩特、长春、哈尔滨、成都、合肥、南宁、福州、昆明、拉萨、西宁、银川。下面列出部分城市的单因素模糊评价矩阵。

$$R_1 = \begin{bmatrix} 0 & 0.2 & 0.3 & 0.5 & 0 \\ 0.1 & 0.5 & 0.3 & 0.2 & 0 \\ 0 & 0 & 0 & 0 & 1 \\ 0.1 & 0.5 & 0.4 & 0 & 0 \\ 0 & 0.7 & 0.3 & 0 & 0 \\ 0.2 & 0.5 & 0.3 & 0 & 0 \\ 0.1 & 0.4 & 0.3 & 0.2 & 0 \\ 0.2 & 0.6 & 0.2 & 0 & 0 \\ 0.1 & 0.5 & 0.3 & 0.2 & 0 \\ 0.1 & 0.5 & 0.4 & 0 & 0 \end{bmatrix} \quad R_2 = \begin{bmatrix} 0.1 & 0.5 & 0.3 & 0.1 & 0 \\ 0.1 & 0.4 & 0.5 & 0 & 0 \\ 0.1 & 0.5 & 0.4 & 0 & 0 \\ 0.2 & 0.5 & 0.3 & 0 & 0 \\ 0 & 0.4 & 0.5 & 0.1 & 0 \\ 0.1 & 0.4 & 0.5 & 0 & 0 \\ 0.1 & 0.5 & 0.4 & 0 & 0 \\ 0.1 & 0.6 & 0.3 & 0 & 0 \\ 0.2 & 0.5 & 0.3 & 0 & 0 \\ 0 & 0.5 & 0.5 & 0 & 0 \end{bmatrix} \quad R_3 = \begin{bmatrix} 0 & 0.3 & 0.3 & 0.4 & 0 \\ 0 & 0.8 & 0.2 & 0 & 0 \\ 0.1 & 0.5 & 0.4 & 0 & 0 \\ 0 & 0.5 & 0.3 & 0.1 & 0 \\ 0 & 0.5 & 0.4 & 0.1 & 0 \\ 0.1 & 0.6 & 0.3 & 0 & 0 \\ 0.1 & 0.6 & 0.3 & 0 & 0 \\ 0.1 & 0.6 & 0.3 & 0 & 0 \\ 0 & 0.5 & 0.4 & 0.1 & 0 \\ 0 & 0.5 & 0.4 & 0.1 & 0 \end{bmatrix}$$

$$R_4 = \begin{bmatrix} 0 & 0.3 & 0.4 & 0.3 & 0 \\ 0 & 0.5 & 0.4 & 0.1 & 0 \\ 0 & 0.5 & 0.4 & 0.1 & 0 \\ 0 & 0 & 0.3 & 0.5 & 0.2 \\ 0 & 0.6 & 0.4 & 0 & 0 \\ 0.3 & 0.5 & 0.2 & 0 & 0 \\ 0.2 & 0.5 & 0.3 & 0 & 0 \\ 0.1 & 0.6 & 0.3 & 0 & 0 \\ 0.1 & 0.5 & 0.4 & 0 & 0 \\ 0.3 & 0.5 & 0.2 & 0 & 0 \end{bmatrix} \quad R_5 = \begin{bmatrix} 0 & 0.3 & 0.4 & 0.3 & 0 \\ 0 & 0.6 & 0.4 & 0 & 0 \\ 0 & 0.2 & 0.3 & 0.5 & 0 \\ 0.2 & 0.5 & 0.3 & 0 & 0 \\ 0 & 0.5 & 0.4 & 0.1 & 0 \\ 0.1 & 0.4 & 0.5 & 0 & 0 \\ 0.1 & 0.3 & 0.4 & 0.2 & 0 \\ 0 & 0.6 & 0.4 & 0 & 0 \\ 0.1 & 0.5 & 0.4 & 0 & 0 \\ 0 & 0.4 & 0.5 & 0.1 & 0 \end{bmatrix} \quad R_6 = \begin{bmatrix} 0 & 0.2 & 0.3 & 0.5 & 0 \\ 0 & 0.3 & 0.4 & 0.3 & 0 \\ 0 & 0 & 0 & 0 & 1 \\ 0 & 0 & 0.1 & 0.5 & 0.4 \\ 0 & 0.3 & 0.3 & 0.3 & 0.1 \\ 0.1 & 0.4 & 0.5 & 0 & 0 \\ 0 & 0.3 & 0.4 & 0.3 & 0 \\ 0 & 0.5 & 0.5 & 0 & 0 \\ 0 & 0.5 & 0.4 & 0.1 & 0 \\ 0 & 0.3 & 0.5 & 0.2 & 0 \end{bmatrix}$$

$$R_7 = \begin{bmatrix} 0 & 0.3 & 0.4 & 0.3 & 0 \\ 0.2 & 0.4 & 0.4 & 0 & 0 \\ 0 & 0 & 0 & 0 & 1 \\ 0 & 0.3 & 0.4 & 0.3 & 0 \\ 0 & 0.3 & 0.3 & 0.4 & 0 \\ 0.1 & 0.5 & 0.4 & 0 & 0 \\ 0.1 & 0.3 & 0.4 & 0.2 & 0 \\ 0 & 0.6 & 0.4 & 0 & 0 \\ 0.1 & 0.5 & 0.4 & 0 & 0 \\ 0 & 0.6 & 0.4 & 0 & 0 \end{bmatrix} \quad R_8 = \begin{bmatrix} 0 & 0 & 0.1 & 0.5 & 0.4 \\ 0 & 0.2 & 0.3 & 0.5 & 0 \\ 0 & 0 & 0 & 0 & 1 \\ 0 & 0 & 0 & 0.4 & 0.6 \\ 0 & 0 & 0.3 & 0.5 & 0.2 \\ 0 & 0.2 & 0.3 & 0.3 & 0.2 \\ 0 & 0.2 & 0.3 & 0.3 & 0.2 \\ 0 & 0.5 & 0.5 & 0 & 0 \\ 0 & 0 & 0.2 & 0.4 & 0.4 \\ 0 & 0.1 & 0.3 & 0.4 & 0.2 \end{bmatrix} \quad R_9 = \begin{bmatrix} 0 & 0.3 & 0.4 & 0.3 & 0 \\ 0 & 0.5 & 0.3 & 0.2 & 0 \\ 0 & 0.3 & 0.4 & 0.3 & 0 \\ 0 & 0.3 & 0.2 & 0.4 & 0.2 \\ 0 & 0.4 & 0.2 & 0.4 & 0 \\ 0.1 & 0.4 & 0.5 & 0 & 0 \\ 0.1 & 0.3 & 0.4 & 0.2 & 0 \\ 0 & 0.6 & 0.4 & 0 & 0 \\ 0.1 & 0.5 & 0.4 & 0 & 0 \\ 0 & 0.4 & 0.5 & 0.1 & 0 \end{bmatrix}$$

6.1.4.5 模糊综合评价结果

采用加权平均型算子,通过对因素权重集以及模糊评价矩阵的模糊综合运算得出评价结果。

$$B_1 = (0.087, 0.408, 0.272, 0.128, 0.150)$$
$$B_2 = (0.107, 0.470, 0.421, 0.120, 0.000)$$
$$B_3 = (0.059, 0.541, 0.333, 0.690, 0.000)$$
$$B_4 = (0.089, 0.456, 0.346, 0.103, 0.016)$$
$$B_5 = (0.046, 0.434, 0.400, 0.130, 0.000)$$
$$B_6 = (0.010, 0.264, 0.330, 0.220, 0.186)$$
$$B_7 = (0.078, 0.360, 0.340, 0.820, 0.150)$$
$$B_8 = (0.000, 0.110, 0.213, 0.349, 0.338)$$
$$B_9 = (0.054, 0.405, 0.375, 0.192, 0.016)$$
$$B_{10} = (0.041, 0.476, 0.395, 0.980, 0.000)$$
$$B_{11} = (0.000, 0.209, 0.312, 0.291, 0.198)$$
$$B_{12} = (0.009, 0.303, 0.293, 0.247, 0.158)$$
$$B_{13} = (0.000, 0.192, 0.307, 0.323, 0.188)$$
$$B_{14} = (0.010, 0.255, 0.277, 0.288, 0.800)$$
$$B_{15} = (0.000, 0.034, 0.216, 0.305, 0.437)$$

$B_{16} = (0.000, 0.106, 0.237, 0.317, 0.326)$
$B_{17} = (0.000, 0.220, 0.269, 0.332, 0.177)$
$B_{18} = (0.000, 0.242, 0.267, 0.291, 0.201)$
$B_{19} = (0.026, 0.327, 0.324, 0.341, 0.008)$
$B_{20} = (0.024, 0.318, 0.324, 0.178, 0.158)$
$B_{21} = (0.000, 0.253, 0.368, 0.335, 0.060)$
$B_{22} = (0.010, 0.392, 0.432, 0.138, 0.030)$
$B_{23} = (0.000, 0.209, 0.348, 0.353, 0.100)$
$B_{24} = (0.000, 0.000, 0.165, 0.376, 0.487)$
$B_{25} = (0.000, 0.008, 0.202, 0.362, 0.438)$
$B_{26} = (0.000, 0.049, 0.196, 0.316, 0.453)$

最终按照 $M = B \times H^T$（其中，$H^T = (5,4,3,2,1)^T$）来计算各个城市的综合评价分值，得分分别为：$M_1 = 3.289, M_2 = 3.700, M_3 = 3.596, M_4 = 3.529, M_5 = 3.426, M_6 = 2.722, M_7 = 3.220, M_8 = 2.115, M_9 = 3.415, M_{10} = 3.490, M_{11} = 2.552, M_{12} = 2.788, M_{13} = 2.523, M_{14} = 2.657, M_{15} = 1.831, M_{16} = 2.095, M_{17} = 2.528, M_{18} = 2.552, M_{19} = 3.1, M_{20} = 2.878, M_{21} = 2.846, M_{22} = 3.164, M_{23} = 2.686, M_{24} = 1.734, M_{25} = 1.8, M_{26} = 1.869$。

经过排序可得：$M_2 > M_3 > M_4 > M_{10} > M_5 > M_9 > M_1 > M_7 > M_{22} > M_{19} > M_{20} > M_{21} > M_{12} > M_6 > M_{23} > M_{14} > M_{11} > M_{18} > M_{17} > M_{13} > M_8 > M_{16} > M_{26} > M_{15} > M_{25} > M_{24}$。

各城市模糊综合评价排名依次为：杭州、武汉、重庆、南京、南昌、长沙、北京、郑州、福州、合肥、成都、南宁、沈阳、西安、昆明、济南、太原、哈尔滨、长春、石家庄、兰州、呼和浩特、银川、乌鲁木齐、西宁、拉萨。

从计算结果可以看出，排名第 8 的郑州的得分为 3.220，之后的各城市的得分与排名第一的杭州差距明显较大，因而排除排名在郑州之后的城市。最终，选出的我国内陆中转节点是杭州、武汉、重庆、南京、南昌、长沙、北京、郑州。

6.1.5 中欧陆海快线海铁联运网络的完善

通过上述分析，选出的我国内陆中转节点是杭州、武汉、重庆、南京、南昌、长沙、北京、郑州，我国沿海港口节点是天津、大连、青岛、上海、宁波、厦门和深圳，欧洲的中转节点是希腊、北马其顿、塞尔维亚、匈牙利、斯洛伐克和捷克，形成的中欧陆海快线海铁联运网络如图 6-3 所示。

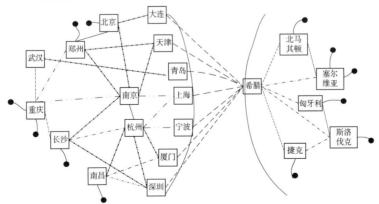

图 6-3 中欧陆海快线海铁联运网络

6.2 多式联运路线优化建模与求解

6.2.1 问题描述

本节在中欧陆海快线海铁联运网络的基础上,将路线优化问题分为三段进行考虑:第一段是从我国内陆的出发地到沿海港口,第二段是从我国沿海港口到希腊比雷埃夫斯港,第三段是从希腊比雷埃夫斯港经过铁路到达目的地国家。

第一段(即我国内陆段)的运输可以具体描述为:在我国某内陆地区,有一批货物需运输到中东欧或欧洲,已知货物的种类、运量、出发地、目的地等信息,在出发地经过打包、装箱后通过铁路、公路或水路运输方式运送到我国某沿海港口。

第二段(即海运段)的运输可以具体描述为:货物到达港口后,经卸车、卸船等操作后运送到港口的等待区域,在提交报关申请等一系列操作后,按照规定时间进行封签、装船等操作,按照规定时间离港,并进行海上运输。

第三段(即欧洲段)的运输可以具体描述为:承载货物的班轮抵达希腊比雷埃夫斯港,接驳、报关后,将货物放到港口的堆场,确定合适的班列后装车,通过铁路运输,依托当地的铁路网络将货物运送到目的地。

在内陆段的运输过程中,采用公路、铁路、水路运输,出发时间相对灵活。在海运段的运输过程中,由我国东南沿海港口到希腊比雷埃夫斯港的运输时间由每艘班轮的具体行驶路线决定,运输价格按照中国货物出口航运指数中的地中海航线指数而定。在此段运输中,需要考虑根据现有航线的时刻表选择合适的港口、航线和班列,从而缩短不必要的等待时间,同时还要考虑不同港口的操作费对成本的影响。在欧洲段的铁路运输过程中,由于我国与各国签订的协议约定经停各国的铁路场站按照集装箱数量收取固定的费用,因此在该段的运输过程中需要考虑如何选择合适的班期,以确保运输的时间最短。

将第6.2节构建的海铁联运网络和路线优化问题,抽象、简化为图6-4。

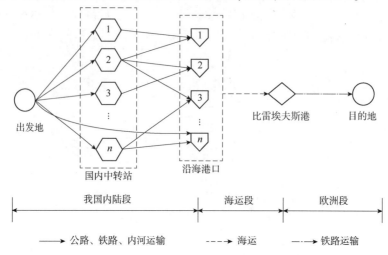

图6-4 中欧陆海快线海铁联运路线优化问题简化图

6.2.2 中欧陆海快线海铁联运路线优化数学模型

6.2.2.1 模型的假设条件

中欧陆海快线海铁联运路线优化数学模型的假设条件为：

①中欧陆海快线海铁联运均采用集装箱运输。本研究只考虑一种箱型，即 20 英尺标准集装箱。

②我国内陆段运输，公路运输、铁路运输、水路运输都采用灵活的方式，没有固定的发车、发船时间。港口出发的班轮和欧洲的班列严格按照时刻表的发船、发车时间执行。

③集装箱在两个运输节点之间只能选用一种运输方式。

④集装箱只在节点处可以转运，即节点处可以选择转换运输方式或者不转换运输方式，并且不可以在一次中转发生之后再次转换。

⑤海铁联运运输中所有的可供选择的转运节点、节点间可供选择的运输方式都已知，只需根据需求选择合适的节点、合适的时间从而选择最优的运输方式，将出发地与目的地连接起来。

⑥由于不同地区的人力、设施设备的能力不同，各个港口、站点的中转时间和操作费用各有不同。

⑦不同路段采用同种运输工具的运输速度相同，单位运输成本不相同，由所在国家决定。

⑧不考虑运输能力的限制，假设每个节点与每种运输方式的运输能力都能满足运输的实际需求。

⑨运输过程中，不考虑因为等待而产生的存储费用。

6.2.2.2 模型符号说明

模型中使用到的参数与变量的解释见表 6-9。

模型参数与变量 表 6-9

符　号	意　义
标号	
$i \in V$	我国内陆中转节点集合
$p \in P$	我国沿海港口节点集合
$e \in E$	欧洲国家中转节点集合
$k,l \in M$	运输方式的集合
$j,b \in R$	固定班列、班轮的时刻集合，共 r 个。其中 j 表示班轮时刻，b 表示班列的时刻
θ	概率
常量符号	
C_i^{kl}	在我国国内节点 i，运输方式由 k 转换成 l 的单位中转费用，单位：元/(标准箱·km)
$C_{i,i+1}^{k}$	我国国内节点 i 到节点 $i+1$ 之间，采用 k 运输方式的单位运输成本，单位：元/标准箱
C_p	在我国沿海港口 p 登船需要的操作费、订舱费、封装费等费用的总和，单位：元/标准箱
C_p'	我国沿海港口 p 登船所需的单证费、文件费、舱单服务费等的总和，单位：元/单

续上表

符号	意义
常量符号	
C'_e	在希腊比雷埃夫斯港卸船的操作费,单位:元/标准箱
$C_{e,e+1}$	由国家 e 到国家 $e+1$ 的单位运输成本,单位:元/(标准箱·km)
$C_{指数}$	地中海航线的运价指数,单位:元/标准箱
变量参数	
$Q^k_{i,i+1}$	在国内内陆节点 i 与节点 $i+1$ 间用运输方式 k 运输的集装箱个数,单位:个
Q^{kl}_i	在国内内陆节点 i 由运输方式 k 转为运输方式 l 的集装箱个数,单位:个
Q_P	在港口 p 登船运输的集装箱个数,单位:个
$Q_{e,e+1}$	途经欧洲国家 e 的集装箱个数,单位:个
T_{fe}	集装箱在欧洲国家 e 的铁路场站可以装车的时刻
T_{fp}	集装箱在港口 p 可以装船的时刻
t^b_e	在欧洲国家 e 需要的运输时间,单位:h
T^j_p	在港口 p 出发的班轮 j 的出发时刻
t^j_p	在港口 p 出发的班轮 j 到达希腊比雷埃夫斯港需要的时间,单位:h
T^b_e	在欧洲国家 e 的铁路场站,班列 b 发车的时刻
ESt^k_p	集装箱以 k 方式运输到达港口 p 所在城市后到港口所需最短时间,单位:h
LFt^k_p	集装箱以 k 方式运输到达港口 p 所在城市后到港口所需最长时间,单位:h
$ESt^k_{i,i+1}$	节点 i、节点 $i+1$ 间以 k 方式运输需要的最短时间,单位:h
$LFt^k_{i,i+1}$	节点 i、节点 $i+1$ 间以 k 方式运输需要的最长时间,单位:h
ESt^{kl}_i	在节点 i 将运输方式从 k 转变为 l 需要的最短时间,单位:h
LFt^{kl}_i	在节点 i 将运输方式从 k 转变为 l 需要的最长时间,单位:h
ESt_e	集装箱到达希腊后报关、装卸等操作需要的最短时间,单位:h
LFt_e	集装箱到达希腊后报关、装卸等操作需要的最长时间,单位:h
决策变量	
Y^{kl}_i	在节点 i 将运输方式从 k 换为 l 则为1,否则为0
$X^k_{i,i+1}$	在节点 i、节点 $i+1$ 间采用运输方式 k 运输则为1,否则为0
X_p	选择港口 p 为登船港口则为1,否则为0
$X_{e,e+1}$	经过欧洲国家 e 则为1,否则为0

6.2.2.3 随机参数的处理

在多式联运的运输过程中，交通环境较为复杂，运输时间会受到天气、突发事件等因素的影响，存在着不确定性，因此需要对运输时间进行随机处理。同样，考虑到集装箱在不同中转城市的中间作业环节（如卸车、装箱、过磅、安检、站内短驳等）操作时间不同，为了保证研究的准确性，对中转时间进行随机处理。

张梦颖基于城市交通的实际情况，研究了考虑旅行时间不确定的车辆路径问题，并提出自适应大规模邻域搜索算法进行求解。任亮研究了带有随机实际运输时间和成本的路径优化问题，构建期望值模型和机会约束规划模型并分别求解。张梅研究了不确定运输时间、中转时间的集装箱多式联运路径优化问题，建立区间规划模型并求解。张璇研究了考虑随机运输时间的路径优化问题，并用和声搜索算法进行求解。丁晓东等认为考虑随机变量的规划问题是随机规划问题，该问题是在线性规划和非线性规划的基础上发展而来的；随机规划涉及的模型可以分为期望值模型、机会约束规划模型、相关机会约束模型；根据随机变量出现的位置不同又可以分为三类：随机变量只出现在目标函数中，随机变量只出现在约束条件中，随机函数出现在目标函数和约束条件中。

在本书中，随机变量（运输时间和中转时间）只出现在目标函数中。主要的处理方法有两种。一是期望值法，即在期望约束条件下，使目标函数的期望值达到最优，将不确定目标转化为确定性目标来求解。随机规划的期望值模型如下：

$$E[g(\boldsymbol{x},\boldsymbol{\xi})]\leqslant 0\begin{cases}\max E[f(\boldsymbol{x},\boldsymbol{\xi})]\\ s.t.\end{cases} \tag{6-1}$$

式中：$\boldsymbol{\xi}$——t 维随机向量；

　　　$\boldsymbol{x}$——n 维决策向量；

$f(\boldsymbol{x},\boldsymbol{\xi})$——目标函数，其概率密度函数为 $\varphi(\boldsymbol{\xi})$；

$g(\boldsymbol{x},\boldsymbol{\xi})$——随机约束函数；

　　　E——期望值算子。

二是根据机会约束规划，将目标函数当作约束条件，根据置信水平，即求解目标函数满足其小于或等于最大值（或大于或等于最小值）的概率，将不确定参数转化为确定性参数来进行求解。随机规划的机会约束模型如下：

$$\mathrm{pr}\{f(\boldsymbol{x},\boldsymbol{\xi})\geqslant \bar{f}\}\geqslant \beta \begin{cases}\max \bar{f}\\ s.t.\end{cases} \tag{6-2}$$

式中：$\boldsymbol{\xi}$——随机向量；

　　　$\boldsymbol{x}$——n 维决策向量；

$f(\boldsymbol{x},\boldsymbol{\xi})$——目标函数；

$\mathrm{pr}\{g\}$——$\{g\}$ 中事件成立的概念；

　　　β——目标函数的置信水平。

综合上述两种处理方式，考虑到本研究的随机参数是随机离散变量，因此采用期望值法进行处理。

6.2.2.4 我国内陆段运输目标函数的确定

我国内陆段的运输方式考虑公路、铁路、水路运输三种。其中,公路运输快速便捷,是首选的运输方式。铁路运输和水路运输虽在快速发展,但灵活性差,无法做到即时出发。因此,在我国内陆段运输不考虑固定班列的情况下,为了提高模型的准确性,加入随机等待时间。下面对我国内陆段运输的成本函数、时间函数进行分析。

1)成本函数

(1)运输成本函数

运输单位成本是单位集装箱在单位距离中分摊的运输费用。采用不同的运输方式、运输工具,运输成本不同。

运输成本 C_1 =各个运输节点间集装箱的个数×该段选择运输方式的单位运输价格×选择变量,即:

$$C_1 = \sum_{i \in V} \sum_{k \in M} C_{i,i+1}^k Q_{i,i+1}^k X_{i,i+1}^k \tag{6-3}$$

(2)中转站操作成本函数

中转单位成本是指单位集装箱在两种运输方式间转换时,由于场站中转产生的装卸费、搬运费、短距离的运输费、人工费用等成本。

中转成本 C_2 =各个运输节点间需要转运的集装箱个数×由 k 运输方式转化 l 运输方式产生的单位中转费用×选择变量,即:

$$C_2 = \sum_{i \in V} \sum_{k \in M} \sum_{l \in M} C_i^{kl} Q_i^{kl} Y_i^{kl} \tag{6-4}$$

2)时间函数

集装箱在运输中花费的时间、场站中转花费的时间。

(1)运输时间函数

运输时间指的是在两个节点间,选择某种运输方式运输所需要的时间。在两个节点间,运输方式的不同会导致运输距离的不同、运输速度的不同。因而,运输方式不同,相同两节点间的运输时间不同。同时,运输时间会受到其他不可控因素的影响而产生变化。因此,本研究在运输时间上引入随机数,表示相邻两节点间的运输时间。

运输时间 T_1 =某种运输方式在两节点间运输需要的时间×选择变量,即:

$$T_1 = \sum_{i \in V} \sum_{k \in M} \left[ESt_{i,i+1}^k \theta + LFt_{i,i+1}^k (1-\theta) \right] X_{i,i+1}^k \tag{6-5}$$

(2)中转转运时间函数

货物的中转时间同运输时间一样,具有很大的不确定性,故引入随机数。

中转转运时间 T_2 =集装箱在两种运输方式间转换所需时间×选择变量,即:

$$T_2 = \sum_{i \in V} \sum_{l \in M} \sum_{k \in M} \left[ESt_i^{kl} \theta + LFt_i^{kl} (1-\theta) \right] Y_i^{kl} \tag{6-6}$$

6.2.2.5 海运段运输目标函数的确定

1)成本函数

海运的运输价格有专门的设定方法。同一航线的运输价格基本固定,主要参考海运指数,与该航线上轮渡的运输速度、运输距离的长短等因素无关。但是每个港口由于设施、配置的不同,操作费用各不相同。

(1)操作成本函数

港口的操作费用一般包括订舱费、装卸费用、舱单费用、订单费用、文件费用等。不同港口的处理方式各有不同。计价以集装箱为单位或者以订单为单位。

操作成本 C_3 = 某港口登船的舱单费、订舱费和封签费等费用的总和×在此港口登船的集装箱的个数+某港口的订单费和文件费等费用×选择系数,即:

$$C_3 = \sum_{p \in P} (C_p Q_p + C'_p) X_p \tag{6-7}$$

(2)运输成本函数

运输成本按照上海航交所公布的地中海航线的运价指数计算。

运输成本 C_4 = 指数×运输集装箱的数量,即:

$$C_4 = \sum_{p \in P} C_{指数} Q_p X_p \tag{6-8}$$

2)时间成本

(1)中转时间函数

集装箱通过公路、水路或者铁路运输方式运送到港口 p 所在城市的场站后,需要进行短距离的运输才能到达港口 p。

中转时间 T_3 = 通过运输方式 k 运送到港口城市后再转运到港口 p 所需时间×选择系数,即:

$$T_3 = \sum_{p \in P} \sum_{k \in M} \left[ESt_p^k \theta + LFt_p^k (1 - \theta) \right] X_p \tag{6-9}$$

(2)运输时间函数

在同一个港口选择不同的轮渡,运输时间存在差异。运输时间 T_4 = 港口 p 的轮渡 j 到达希腊比雷埃夫斯港的时间×选择系数,即:

$$T_4 = \sum_{p \in P} \sum_{j \in R} t_p^j X_p \tag{6-10}$$

(3)等待时间函数

货物到达港口后,由于轮渡有规定的出发时间,因此会有等待时间。

等待时间 T_5 = (轮渡出发时间−在内陆的运输时间−所有的中转时间)×选择系数,即:

$$T_5 = \sum_{p \in P} \sum_{j \in R} (T_p^j - T_1 - T_2 - T_3) X_p \tag{6-11}$$

6.2.2.6 欧洲段运输目标函数的确定

在欧洲段的运输中,只考虑铁路运输,运输方式相对单一。在希腊由海路运输转换为铁路运输。在欧洲段,不涉及运输方式的转变,因此不考虑中转费用和中转花费时间。

1)成本函数

(1)运输成本函数

铁路运输费用与所经国家的铁路收费标准、运输距离有关,不同国家的单位运费不同,且国家间的运输距离不同。

运输费用 C_5 = 在某国家的集装箱单位运输费用×集装箱数量×选择系数,即:

$$C_5 = \sum_{e \in E} C_e Q_{e+1} X_{e,e+1} \tag{6-12}$$

(2) 港口操作费

货物到达希腊，在希腊报关、卸船会产生操作费用 C_6，其计算公式为：

$$C_6 = \sum_{e \in E} C'_e Q_{e,e+1} X_{e,e+1} \tag{6-13}$$

2) 时间函数

(1) 运输时间函数

考虑欧洲的铁路运输速度相同，但是在不同国家的运输距离不同，所以运输时间不同。

运输时间 T_6 = 在某国家采用线路 b 的运输时间×选择变量，即：

$$T_6 = \sum_{e \in E} \sum_{b \in R} t_e^b X_{e,e+1} \tag{6-14}$$

(2) 操作时间函数

集装箱到达希腊比雷埃夫斯港报关、卸货、装载到铁路线上需要时间 T_7，计算公式为：

$$T_7 = \sum_{e \in E} \sum_{k \in M} \left[ESt_e^k \theta + LFt_e^k (1-\theta) \right] X_{e,e+1} \tag{6-15}$$

(3) 等待时间函数

集装箱运送到铁路场站，等待班列发车需要时间 T_8，计算公式为：

$$T_8 = \sum_{e \in E} \sum_{p \in P} \sum_{j \in R} (T_e^j - T_p^j - T_4 - T_7) X_{e,e+1} \tag{6-16}$$

6.2.2.7 模型构建

根据上述对中欧陆海快线海铁联运三个运输段的成本函数、时间函数的分析，建立中欧陆海快线海铁联运路线的优化模型：

$$C = \min(C_1 + C_2 + C_3 + C_4 + C_5 + C_6) \tag{6-17}$$

$$C = \min \left(\sum_{i \in V} \sum_{k \in M} C_{i,i+1}^k Q_{i,i+1}^k X_{i,i+1}^k + \sum_{i \in V} \sum_{k \in M} \sum_{l \in M} C_i^{kl} Q_i^{kl} Y_i^{kl} + \sum_{p \in P} C_{\text{指数}} Q_p X_p + \right.$$

$$\left. \sum_{p \in P} (C_p Q_p + C'_p) X_p + \sum_{e \in E} C_e Q_{e,e+1} X_{e,e+1} + \sum_{e \in E} C'_e Q_{e,e+1} X_{e,e+1} \right) \tag{6-18}$$

运输的总时间函数为：

$$T = \min(T_1 + T_2 + T_3 + T_4 + T_5 + T_6 + T_7 + T_8) \tag{6-19}$$

$$T = \min \left(\sum_{i \in V} \sum_{k \in M} [ESt_{i,i+1}^k \theta + LFt_{i,i+1}^k (1-\theta)] X_{i,i+1}^k + \sum_{i \in V} \sum_{l \in M} \sum_{k \in M} [ESt_i^{kl} \theta + LFt_i^{kl} (1-\theta)] Y_i^{kl} + \right.$$

$$\sum_{p \in P} \sum_{k \in M} [ESt_p^k \theta + LFt_p^k (1-\theta)] X_p + \sum_{p \in P} \sum_{j \in R} t_p^j X_p + \sum_{p \in P} \sum_{j \in R} (T_p^j - T_1 - T_2 - T_3) X_p +$$

$$\sum_{e \in E} \sum_{b \in R} t_e^b X_{e,e+1} + \sum_{e \in E} \sum_{k \in M} [ESt_e^k \theta + LFt_e^k (1-\theta)] X_{e,e+1} +$$

$$\left. \sum_{e \in E} \sum_{p \in P} \sum_{j \in R} (T_e^j - T_p^j - T_4 - T_7) X_{e+1} \right) \tag{6-20}$$

约束条件为：

$$s.t. \begin{cases} \sum_{i \in V} \sum_{k \in M} X_{i,i+1}^k \leq 1 & (1) \\ \sum_{i \in V} \sum_{k \in M} \sum_{l \in M} Y_i^{kl} \leq 1 & (2) \\ \sum_{p \in P} X_p = 1 & (3) \\ \sum_{e \in E} X_{e,e+1} \leq 1 & (4) \\ X_{i,i+1}^k \in \{0,1\} & (5) \\ Y_i^{kL} \in \{0,1\} & (6) \\ X_p \in \{0,1\} & (7) \\ X_{e,e+1} \in \{0,1\} & (8) \\ X_{i-1,i}^k + X_{i,i+1}^l \geq 2Y_i^{kl} & (9) \\ \theta \in [0,1] & (10) \\ T_{fe} < T_e^b & (11) \\ T_{fp} < T_p^j & (12) \end{cases} \quad (6\text{-}21)$$

对式(6-17)~式(6-20),有约束条件(6-21)。在约束条件(6-21)中:约束(1)表示集装箱在两相邻节点间只能采用一种运输方式;约束(2)表示集装箱运输方式的改变只能在节点发生;约束(3)表示集装箱运输只能从一个港口出发;约束(4)表示在每个欧洲国家,集装箱只能选择一趟列车进行运输;约束(5)~(8)表示4个决策变量只能取0或1;约束(9)保证运输过程的连续性。约束(10)表示概率θ的取值范围是0~1;约束(11)~(12)表示集装箱运输要严格遵守时刻表,按照船期、班期运行。

6.2.3 模型求解

6.2.3.1 路线优化问题求解算法的选择

本研究采用遗传算法求解路线优化问题。遗传算法模拟达尔文提出的生物进化论。在达尔文的进化论中,大自然会根据自然界的生存环境会对生物进行考验,留下基因优质、适合生存的个体。遗传算法通过设定规则和采用优胜劣汰的方法对个体进行搜索,适应环境的个体将得到更大的生存机会,并产生后代。遗传算法的特点是可以在遗传中保留潜在解构成的基因,进而实现全局搜索。遗传算法的要求低,非常适用于多目标函数优化和非线性组合优化问题,可以方便、快捷地处理所有种类的目标函数与目标约束。

6.2.3.2 遗传算法的求解步骤

遗传算法通过遗传、变异等操作,最终寻找到一个最优的个体,这个个体就是最优解。

遗传算法求解步骤(图6-5)为:

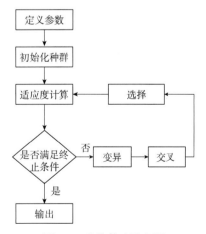

图6-5 遗传算法流程图

第一步:初始化个体,生成初始种群。

第二步:根据适应度函数,计算生成个体的适应度值,判断适应度值是否满足迭代终止条件;若满足,则输出最佳适应度值对应的个体,即该个体是最优解。否则继续第三步。

第三步:根据适应度函数计算个体的适应度,选出种群中部分潜在的最优个体。

第四步:通过交叉算法,对第三步选择出来的个体进行交叉操作,扩大个体的基因库。

第五步:通过变异算法,对第四步选择的个体做变异操作,增加个体的多样性,防止求解结果陷入局部最优。

第六步:将执行第四步和第五步操作后得到的新个体,组成新的种群,重新进行第二步的操作。

1) 编码

对中欧陆海快线海铁联运网络进行分析。我国内陆段的运输情况较为复杂,因此对运输节点进行等级划分,分成 n 个等级,除去下一个层次仅有一个可选节点的可能性外,只需要进行 m 次决策。同时,相邻层次之间只选用一个运输方式或班列或轮渡时刻,所以当有 n 个层次时,决策变量的个数为 $n-1$。因此共有 $m+n-1$ 个决策变量。

如图 6-6 所示,$A \sim H$ 分别代表一个节点城市。假设第一层是始发地,第二层是我国内陆中转城市,第三层是我国沿海港口,第四层是欧洲港口,第五层是目的地国家,那么只在第一层到第二层、第二层到第三层时需要进行节点选择,共 2 次。在第一层到第二层、第二层到第三层时需要进行运输方式选择,在第三层到第四层时需要进行班轮时刻选择,在第四层到第五层时需要进行班列时刻选择,因此共有 6 个决策变量。

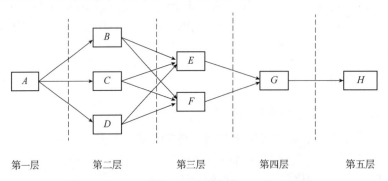

图 6-6 编码方式

2) 解码

通过图 6-6 对编码进行解释。随机生成 6 个 0~1 之间的五位小数,以第二层的 3 个节点为例,将 0~1 之间的数分成 4 个区间——(0~0.2500]、(0.2500~0.5000]、(0.5000~0.7500]、(0.7500~1.0000)。若随机生成的数是 0.2452,则落在第一个区间,不选择此层级中城市进行中转;若随机生成数是 0.3598,选择的路线是 $A—B$,以此类推。从第三层到第四层,假设有 02:00、05:00、16:00 共 3 个时刻的班轮,将 0~1 之间的数分 3 个区间——(0~0.3333]、(0.3333~0.6666]、(0.6666~1),若随机生成的数是 0.7888,则选中 16:00 的轮船。

假设第一层到第二层、第二层到第三层有公路、铁路、水路运输方式可选,第三层到第四层有 05:00、12:00、17:00 的班轮,第四层到第五层有 09:00、21:00 的班列可选,随机生成的

6 位数为(0.7890,0.3678,0.8765,0.1234,0.2354,0.5783),可知选择的路线为 $A—D—F—G—H$,A 到 D 的运输方式是水路运输,D 到 F 的运输方式是公路运输,F 到 G 选择的是 05:00 的班轮,G 到 H 选择的是 21:00 的班列。

3) 初始化种群

遗传算法结果的质量同初始种群的大小有很大关系。种群数量大,能在一定程度上避免陷入局部最优。本研究选取的初始种群规模为 50,随机生成 50 个个体,作为迭代的开始。

4) 确定适应度函数

中欧陆海快线路线优化模型是考虑时间、成本两个目标函数的优化问题。依据客户对时间、成本的看重程度,设置比值权重,将多目标函数转化为单目标函数进行求解。由于成本函数的单位是"万元",时间函数的单位是"h",两个函数的单位不统一,会导致求解结果出现偏差,因此需要对两个目标函数进行无量纲化处理。对于每代个体来说,可以得到个体的两个目标函数值。分别对每个目标的函数值进行无量纲化,表达式如下所示:

$$C'_i = \frac{C_i - \min(C_i)}{\max(C_i) - \min(C_i)} \tag{6-22}$$

$$T'_i = \frac{T_i - \min(T_i)}{\max(T_i) - \min(T_i)} \tag{6-23}$$

在进行无量纲化处理后,计算个体的适应度,适应度函数如下:

$$\text{fit}(i) = \frac{1}{\omega C'_i + (1-\omega) T'_i} \tag{6-24}$$

式中:ω——成本;

C'_i——权重系数,其值介于 0 和 1。

5) 选择算子

选择操作的目的是从种群中选出适应度较高的个体,将适应度值较高的个体的基因保留下来。本研究采用轮盘赌的方法对个体进行选择。采用轮盘赌选择个体时,被选中的个体往往是适应度较大的个体,是潜在的最优基因的携带个体。被选中的个体作为父代,将优质的信息传给子代进行交叉变异操作。轮盘赌的概率 $p(i)$ 为:

$$p(i) = \frac{\text{fit}(i)}{\sum_i \text{fit}(i)} \tag{6-25}$$

6) 交叉操作

交叉操作的目的是保持个体的多样性,避免陷入局部最优。经过选择操作选择出来的父代按照交叉概率进行两点交叉,交换部分信息,从而产生新的个体,子代个体继承父代个体的信息。

7) 变异操作

设置变异概率,对个体中的任一基因节点进行修改。变异操作的目的同交叉操作一样,是为了保持种群的多样性,避免陷入局部最优。在选择出来的父代中,按照变异概率选择个体,对选中的个体的部分基因进行改动,从而得到新的个体。

8) 终止条件

设置最大的迭代次数为 500 次,当迭代次数到 500 时迭代终止。

6.3 多式联运路线优化实例分析

6.3.1 算例概述

重庆位于我国的西南,既是长江上游经济中心,也是我国重要的现代制造业基地。大量电子产品及其配件在这里生产、加工,并发往其他国家。欧洲的捷克是工业大国,也是我国的重点出口国。机械制造业、船舶工业、汽车工业、电力机车工业为捷克的主要行业。

假设重庆的一家制造厂每周有大量货物运往捷克,工厂将物流业务外包给 Z 公司,由 Z 公司提供全程的运输服务。通过对生产货运运量的测算,得出这家制造厂每周需要运送的货物需要 100 个 20 英尺的集装箱。Z 公司开设的海运航线每周只开行 1 次。需要根据现有的航线、船期选择合适的出发时间、运输路线以及运输方式,为顾客提供合理的运输方案。

6.3.2 算例分析

根据前文构建的海铁联运网络对算例进行分析。重庆作为运输的出发地,处于运输网络中的第一层;运输网络中,对除重庆外的 7 个内陆节点城市根据地理位置进行分层,将郑州、武汉、长沙放在运输网络的第二层,将北京、南京、杭州、南昌设为运输网络的第三层,在第二层和第三层中的城市可以选择是否经停、是否转运。上海、深圳、宁波、大连、天津、青岛、厦门作为运输网络的第四层。中欧陆海快线必经的比雷埃夫斯港所在国希腊作为运输网络的第五层。根据欧洲国家的地理位置和中欧陆海快线的节点城市,第六层到第九层分别为北马其顿、塞尔维亚、匈牙利、斯洛伐克。目的地国家捷克作为运输网络的第十层。该运输网络总计 10 层,节点城市、国家共计 21 个,如图 6-7 所示。

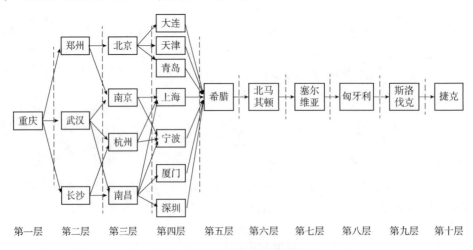

图 6-7 重庆到捷克的运输网络

基于该运输网络进行路线优化。首先,在我国内陆段选择合适的中转节点、节点间的运输方式。接着,在海运段选择合适的登船港口,并根据港口的经停情况选择班轮。最后,在欧洲段根据班列的出发时间选择合适班列。

6.3.3 数据准备

为方便结果分析,中欧陆海快线的算例数据都采用实际数据,如海运费用、港口操作费、班轮时间、欧洲班列时刻表、运输时间都严格按照 Z 公司提供的数据进行计算。我国内陆段的数据参考《国际铁路货物联运统一过境运价规程》、"锦城物流网"、《中国铁路地图集》、中国公路网速查地图以及相关研究文献。

为了便于在 Matlab 中表述节点,所有的节点、运输方式都用数字代码表示,如表6-10、表6-11所示。

节 点 代 码 表   表 6-10

节点	重庆	郑州	武汉	长沙	北京	南京	杭州
代码	1	2	3	4	5	6	7
节点	南昌	大连	天津	青岛	上海	宁波	厦门
代码	8	9	10	11	12	13	14
节点	深圳	希腊	北马其顿	塞尔维亚	匈牙利	斯洛伐克	捷克
代码	15	16	17	18	19	20	21

运输方式代码表   表 6-11

运输方式	公路运输	铁路运输	水路运输
代码	1	2	3

6.3.3.1 成本数据

1）我国内陆段运输成本

在我国内陆段运输中,运输成本与路段的长度有关。我国内陆节点间采用公路运输、铁路运输、水路运输方式的运输距离分别见表6-12、表6-13、表6-14。三种运输方式的运输单价见表6-15。三种运输方式的单位中转费用见表6-16。

我国内陆节点间公路运输距离   表 6-12

运输路段	距离(km)	运输路段	距离(km)	运输路段	距离(km)	运输路段	距离(km)	运输路段	距离(km)
(1,2)	1172	(1,13)	1776	(3,12)	821			(5,9)	839
(1,3)	936	(1,14)	1714	(3,13)	873			(5,10)	134
(1,4)	892	(1,15)	1431	(3,14)	985			(5,11)	652
(1,5)	1755	(2,5)	692	(3,15)	1052			(6,12)	304
(1,6)	1450	(2,6)	665	(4,6)	891			(6,13)	433
(1,7)	1665	(2,9)	1103	(4,7)	881			(7,12)	177
(1,8)	1218	(2,10)	702	(4,8)	345			(7,13)	156
(1,9)	2640	(2,11)	721	(4,12)	1058			(8,12)	724
(1,10)	1779	(3,6)	545	(4,13)	998			(8,13)	667
(1,11)	1847	(3,7)	725	(4,14)	882			(8,14)	683
(1,12)	1740	(3,8)	354	(4,15)	785			(8,15)	813

我国内陆节点间铁路运输距离 表6-13

运输路段	距离(km)	运输路段	距离(km)	运输路段	距离(km)	运输路段	距离(km)
(1,2)	1335	(1,13)	2065	(3,12)	914	(5,9)	986
(1,3)	1034	(1,14)	2231	(3,13)	1061	(5,10)	162
(1,4)	1070	(1,15)	1769	(3,14)	1142	(5,11)	722
(1,5)	2151	(2,5)	803	(3,15)	1247	(6,12)	408
(1,6)	1655	(2,6)	703	(4,6)	955	(6,13)	562
(1,7)	1900	(2,9)	1505	(4,7)	1020	(7,12)	240
(1,8)	1447	(2,10)	806	(4,8)	419	(7,13)	191
(1,9)	2893	(2,11)	871	(4,12)	1196	(8,12)	897
(1,10)	2094	(3,6)	632	(4,13)	1215	(8,13)	789
(1,11)	2124	(3,7)	917	(4,14)	968	(8,14)	790
(1,12)	2109	(3,8)	393	(4,15)	884	(8,15)	1062

我国内陆节点间水路运输距离 表6-14

运输路段	距离(km)	运输路段	距离(km)	运输路段	距离(km)	运输路段	距离(km)
(1,3)	1531	(1,13)	2629	(3,6)	860	(6,12)	412
(1,4)	1489	(2,10)	1021	(3,12)	1200	(6,13)	602
(1,6)	2139	(2,11)	923	(3,13)	1355	(7,12)	218
(1,8)	1601	(2,12)	1508	(4,8)	642	(7,13)	237
(1,12)	2505						

运输单价[单位:元/(标准箱·km)] 表6-15

运输方式	公路运输	铁路运输	水路运输
运输价格	6	2.025	1.068

三种运输方式的单位中转费用(单位:元/标准箱) 表6-16

运输方式	公路运输	铁路运输	水路运输
公路运输	0	120	160
铁路运输	120	0	130
水路运输	160	130	0

2)海运段运输成本

多数国际海铁联运的研究在计算海运成本时,认为海运成本为海运距离与单位运输价格的乘积。但是在Z公司的实际运营中,海运价格是根据进出口集装箱运价指数而变动的。因此,本书的海运价格按照地中海航线的航运指数来计算。

根据交通运输部发布的中国出口集装箱运价指数可知近几年的地中海航线航运指数。2017年地中海航线中国出口集装箱运价指数的全年平均值是1085,2018年地中海航线中国出口集装箱运价指数的全年平均值是1049,2019年地中海航线中国出口集装箱运价指数的全年平均值是1078,2020年1~5月地中海航线中国出口集装箱运价指数的平均值是1269。根据预测,2020年地中海航线中国出口集装箱运价指数的全年平均值是1295(图6-8)。因此,本书中的海运运价以预测运价1295美元/标准箱计算。

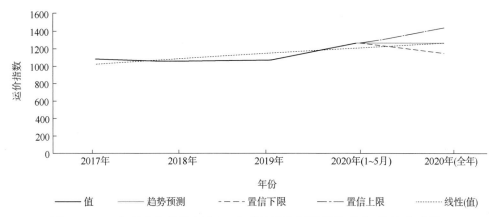

图6-8　2020年地中海航线中国出口集装箱运价指数预测(单位:美元/标准箱)

各港口的设施不同、运作能力不同,港口的操作费用也不相同。各港口的操作费收费标准如表6-17所示。

港口操作费收费标准　　　　　　　　　　　　　　表6-17

港口名称	20英尺集装箱操作费(元/标准箱)	其他费用(元/单)
深圳港	1020	500
上海港	1026	520
厦门港	706	902
宁波港	946	510
大连港	828	660
天津港	827	650
青岛港	815	500
比雷埃夫斯港	1911	—

3)欧洲段运输成本

中欧陆海快线欧洲段各国的铁路运价如表6-18所示,运距如表6-19所示。

欧洲中转国家铁路运输报价　　　　　　　　　　　　表6-18

国家	单位运价[元/(标准箱·km)]
捷克	2.1
斯洛伐克	2.2
匈牙利	1.9
塞尔维亚	2.2
北马其顿	2.6

欧洲各国家间铁路运输距离(单位:km)　　　　　　　　　　表6-19

国家	希腊	北马其顿	塞尔维亚	匈牙利	斯洛伐克	捷克
希腊	0	750	1155	1560	1700	1980
北马其顿	750	0	425	810	950	1230
塞尔维亚	1155	425	0	405	545	825
匈牙利	1560	810	405	0	140	420
斯洛伐克	1700	950	545	140	0	280
捷克	1980	1230	825	420	280	0

6.3.3.2 时间数据

1)我国内陆段运输时间

我国内陆节点间采用公路运输、铁路运输、水路运输所需的时间分别见表6-20、表6-21、表6-22,我国内陆节点转换运输方式需要的中转时间见表6-23。

我国内陆节点间公路运输时间　　　　　　　　　　表6-20

运 输 路 段	运输时间(h)	运 输 路 段	运输时间(h)	运 输 路 段	运输时间(h)
(1,2)	(27.5,30.0)	(2,6)	(15.0,17.0)	(4,13)	(21.6,25.0)
(1,3)	(22.4,25.0)	(2,9)	(25.5,27.5)	(4,14)	(20.0,23.0)
(1,4)	(19.5,24.0)	(2,10)	(18.0,20.0)	(4,15)	(17.5,20.0)
(1,5)	(42.0,45.0)	(2,11)	(15.0,19.0)	(5,9)	(19.0,22.0)
(1,6)	(33.0,38.0)	(3,6)	(11.0,15.0)	(5,10)	(2.7,3.8)
(1,7)	(38.0,42.0)	(3,7)	(16.5,18.5)	(5,11)	(15.0,17.0)
(1,8)	(29.0,31.0)	(3,8)	(7.0,9.0)	(6,12)	(6.5,8.0)
(1,9)	(63.5,65.0)	(3,12)	(19.0,23.0)	(6,13)	(9.5,12.0)
(1,10)	(42.0,44.0)	(3,13)	(20.0,22.0)	(7,12)	(4.0,5.0)
(1,11)	(43.5,45.0)	(3,14)	(21.0,25.0)	(7,13)	(3.2,4.2)
(1,12)	(41.0,43.0)	(3,15)	(23.0,27.0)	(8,12)	(16.8,18.5)
(1,13)	(42.0,44.0)	(4,6)	(20.0,23.0)	(8,13)	(14.6,18.0)
(1,14)	(40.0,43.0)	(4,7)	(19.0,23.0)	(8,14)	(15.5,17.5)
(1,15)	(24.0,25.5)	(4,8)	(7.8,9.0)	(8,15)	(19.0,21.0)
(2,5)	(16.0,18.0)	(4,12)	(24.1,26.0)	—	—

我国内陆节点间铁路运输时间

表 6-21

运输路段	运输时间(h)	运输路段	运输时间(h)	运输路段	运输时间(h)
(1,2)	(45.0,46.5)	(2,6)	(24.5,25.0)	(4,13)	(40.0,45.0)
(1,3)	(34.0,37.0)	(2,9)	(51.0,53.0)	(4,14)	(32.8,35.0)
(1,4)	(35.5,37.5)	(2,10)	(27.0,29.0)	(4,15)	(29.5,32.0)
(1,5)	(73.0,74.5)	(2,11)	(28.0,31.0)	(5,9)	(33.0,35.0)
(1,6)	(56.0,58.0)	(3,6)	(20.0,23.0)	(5,10)	(5.0,6.5)
(1,7)	(64.0,67.0)	(3,7)	(30.5,33.0)	(5,11)	(23.4,26.3)
(1,8)	(49.0,51.0)	(3,8)	(12.0,15.0)	(6,12)	(13.2,15.0)
(1,9)	(97.0,103.0)	(3,12)	(30.0,33.0)	(6,13)	(18.7,21.0)
(1,10)	(71.0,73.0)	(3,13)	(35.0,37.5)	(7,12)	(7.6,9.0)
(1,11)	(72.0,75.0)	(3,14)	(38.5,42.0)	(7,13)	(6.0,7.5)
(1,12)	(71.0,73.0)	(3,15)	(41.0,43.7)	(8,12)	(29.5,32.0)
(1,13)	(70.0,72.0)	(4,6)	(31.5,34.0)	(8,13)	(26.0,29.0)
(1,14)	(76.0,77.0)	(4,7)	(34.0,36.0)	(8,14)	(35.5,28.0)
(1,15)	(60.0,62.0)	(4,8)	(13.8,16.0)	(8,15)	(35.0,38.0)
(2,5)	(27.0,29.0)	(4,12)	(40.0,43.0)	—	—

我国内陆节点间水路运输时间

表 6-22

运输路段	运输时间(h)	运输路段	运输时间(h)	运输路段	运输时间(h)
(1,3)	(135,146)	(2,10)	(85,98)	(4,8)	(24,63)
(1,4)	(132,140)	(2,11)	(80,90)	(6,12)	(34,42)
(1,6)	(188,203)	(2,12)	(132,140)	(6,13)	(48,59)
(1,8)	(140,150)	(3,6)	(75,83)	(7,12)	(17,24)
(1,12)	(223,240)	(3,12)	(104,114)	(7,13)	(19,35)
(1,13)	(230,245)	(3,13)	(120,127)	—	—

三种运输方式的中转时间（单位：h/集装箱）

表 6-23

运输方式	公路运输	铁路运输	水路运输
公路运输	0	(3,4,5)	(5,8,12)
铁路运输	(3,4,5)	0	(6,10,14)
水路运输	(5,8,12)	(6,10,14)	0

2) 海运段运输时间

从我国东南沿海港口出发,经停、停靠希腊比雷埃夫斯港的航线有 6 条,分别是 AEM-1、AEM-3、AEM-5、AEU-1、AEU-3、AEU-7。查阅相关资料可知每条航线停靠的港口、到港和离港时间等基本信息。梳理上述 6 条航线的基础信息,可以整理得出航线经停信息,见表 6-24~表 6-29。

AEM-1 航线经停信息 表 6-24

项目	启航港 (青岛)	途径港 1 (上海)	途径港 2 (宁波)	途径港 3 (盐田)	目的港 (比雷埃夫斯港)
到港日	星期一	星期三	星期五	星期四	星期二
到港时间	10:00	20:00	09:00	01:00	07:00
离港日	星期二	星期四	星期六	星期四	星期三
离港时间	10:00	20:00	17:00	23:00	15:00
停留时间(h)	24	24	8	22	8
到比雷埃夫斯港所需时间(h)	672	624	576	456	0

AEM-3 航线经停信息 表 6-25

项目	经停港 1 (上海)	经停港 2 (宁波)	经停港 3 (厦门)	经停港 4 (蛇口)	目的港 (比雷埃夫斯港)
到港日	星期二	星期四	星期一	星期二	星期日
到港时间	16:00	08:00	11:00	18:00	15:00
离港日	星期三	星期五	星期一	星期三	星期一
离港时间	16:00	13:00	21:00	04:00	15:00
停留时间(h)	24	30	10	10	24
到比雷埃夫斯港所需时间(h)	960	912	840	792	0

AEM-5 航线经停信息 表 6-26

项目	启航港 (青岛)	经停港 1 (上海)	经停港 2 (宁波)	经停港 3 (盐田)	经停港 4 (蛇口)	目的港 (比雷埃夫斯港)
到港日	星期四	星期六	星期一	星期五	星期六	星期五
到港时间	22:00	20:00	10:00	08:00	02:00	07:00
离港时间	18:00	22:00	10:00	18:00	14:00	05:00
停留时间(h)	20	26	24	10	12	22
到比雷埃夫斯港所需时间(h)	840	792	744	696	672	0

AEU-1 航线经停信息   表 6-27

项目	启航港 (上海)	经停港 1 (宁波)	经停港 2 (厦门)	经停港 3 (盐田)	目的港 (比雷埃夫斯港)
到港日	星期日	星期二	星期五	星期日	星期四
到港时间	19:00	18:00	10:00	04:00	15:00
离港日	星期二	星期三	星期六	星期一	星期六
离港时间	07:00	18:00	10:00	01:00	03:00
停留时间(h)	36	24	24	21	36
到比雷埃夫斯港所需时间(h)	1224	1200	1128	1080	0

AEU-3 航线经停信息   表 6-28

项目	启航港 (天津)	经停港 1 (大连)	经停港 2 (青岛)	经停港 3 (上海)	经停港 4 (宁波)	目的港 (比雷埃夫斯港)
到港日	星期五	星期一	星期三	星期六	星期一	星期一
到港时间	12:00	00:00	12:00	06:00	10:00	05:00
离港日	星期日	星期二	星期五	星期天	星期二	星期二
离港时间	17:00	16:00	04:00	18:00	16:00	07:00
停留时间(h)	53	40	40	12	6	26
到比雷埃夫斯港所需时间(h)	696	648	576	528	480	0

AEU-7 航线经停信息   表 6-29

项目	经停港 1 (厦门港)	经停港 2 (蛇口港)	经停港 3 (盐田港)	目的港 (比雷埃夫斯港)
到港日	星期三	星期五	星期一	星期日
到港时间	16:00	17:00	01:00	15:00
离港日	星期四	星期六	星期一	星期一
离港时间	16:00	13:00	20:00	15:00
停留时间(h)	24	20	19	24
到比雷埃夫斯港所需时间(h)	576	528	456	0

3) 欧洲段运输时间

欧洲段班列时刻表见表 6-30。

欧洲班列时刻表　　　　　　　　　　　　　　　表 6-30

出发地	目的地	班列	出发日	出发时间	到达日	运输时间(h)
希腊	北马其顿	LN13	星期一	18:00	星期三	48
	布达佩斯	LN2	星期一	12:00	星期五	96
		LN5	星期五	09:00	星期二	96
		LN10	星期日	22:00	星期三	72
		LN12	星期日	17:00	星期二	48
	斯洛伐克	LN2	星期一	18:00	星期六	112
		LN5	星期五	10:00	星期三	128
		LN1	星期二	12:00	星期日	128
		LN3	星期三	15:00	星期一	120
希腊	塞尔维亚	LN13	星期一	18:00	星期五	96
		LN9	星期六	17:00	星期二	72
		LN11	星期日	17:00	星期三	72
	捷克	LN14	星期二	12:00	星期一	136
		LN6	星期三	12:00	星期二	144
		LN8	星期四	12:00	星期三	152

6.3.4　模型求解过程及结果分析

6.3.4.1　算法参数设计

应用遗传算法求解时涉及的相关参数如表 6-31 所示。

遗传算法相关参数　　　　　　　　　　　　　　　表 6-31

参数名称	取值
初始种群个数	50
最大迭代次数	500
交叉概率	0.85
变异概率	0.15

6.3.4.2　求解结果分析

在以往考虑班期限制的研究中，张晓峰考虑了多商品流的带有班轮、班列衔接问题的多式联运路径优化研究；刘星等研究了有班轮、班列限制的，考虑运输费用、运输时间、运输风险的多式联运路径优化问题；丁伟站在货运代理公司角度，为了提高运输质量、降低货运成本，建立了考虑班列限制的货运路线选择模型；刘松在构建冷藏集装箱运输路径优化模型时，考虑了发车时间限制。

经过研究上述成果后，发现目前已有的考虑固定出发时间的班轮或班列的路线选择问题的研究中，研究者们通常会默认货物到达港口完成报关封箱后选择等待时间最短的班轮或班列,不考虑搭乘该港口的其他船期的班轮或其他班期的班列,忽略了班轮和班列的运输时间不同对运输时间产生的影响。也就是说:当货物运送到某一港口 A,A 港口有三班轮船(a、b、c),每班轮的出发时间和运输时间都不相同,货物到达港口、完成换装的时间与 a 轮船的出发时间最接近,研究者们往往默认选择等待时间最短的 a 轮,不再考虑 b、c 两轮。这与多式联运公司在实际运营中的情况有差异。

本研究建立的模型,在考虑了全部班轮的情况下,从所有可供选择的班轮中选择运输时间最合适的班轮。为了证明模型的有效性,本小节结合实际算例,首先对这两种不同运输情境下的结果进行对比分析,验证模型的有效性、正确性;接着对算例求解结果进行分析,求解出最优的运输方案以及出发时间。

1)模型有效性验证

假设客户更加看重成本要素,因此将成本/时间的权重设定为 8∶2,分别求出考虑了全部班轮的情况和直接选择等待时间最短的下一班轮的最优运输路线。图 6-9 为两种情况下最优路线的途经节点与运输方式。从图中可知,在出发时间为星期二、星期三、星期四、星期六时,两种情况下的运输路线有明显不同。

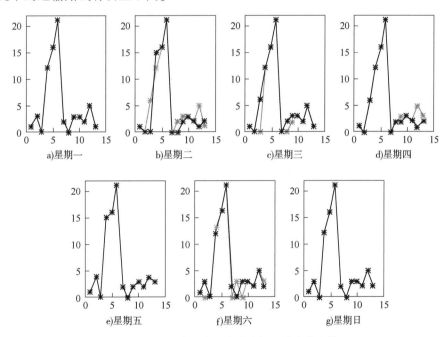

图 6-9 两种情况的运输路线与运输方式比较

图 6-10 为两种情况的时间成本比较。图中,x 轴坐标为 1 表示考虑全部班轮情况下最优运输路线的时间和成本变化情况,x 坐标轴为 2 表示选择等待时间最短的班轮、班列情况下最优运输路线的时间和成本变化情况。从两种情况下出发时间为星期二、星期三、星期四、星期六的路线可以看出,运输时间相差不大,而考虑全部班轮情况下的成本明显低于选择等待时间最短的班轮、班列情况下的成本。

考虑全部班轮情况的最优运输路线见表 6-32,选择等待时间最短班轮、班列情况的最优运输路线见表 6-33。

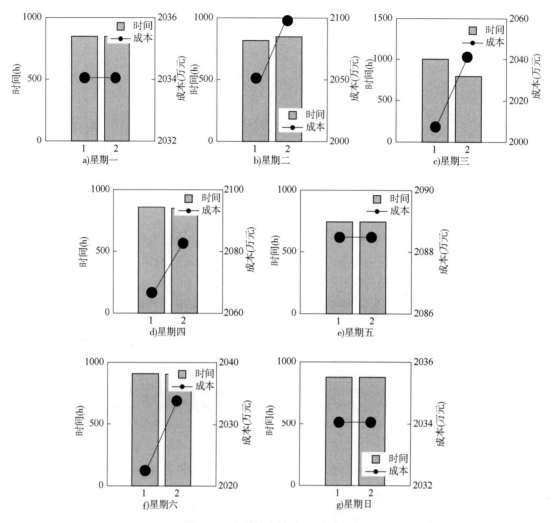

图 6-10 两种情况的时间、成本比较

考虑全部班轮情况的最优运输路线　　　　　　　　　　表 6-32

出发日期	经过节点	运输方式	班　轮	班　列	成本(万元)	时间(h)
星期一	1-3-12-16-21	2-3-3-2	AEU-3	LN14	2034.035	844
星期二	1-6-12-16-21	2-3-3-2	AEU-3	LN14	2041.588	820
星期三	1-12-16-21	3-3-2	AEU-3	LN14	2007.400	1012
星期四	1-6-13-16-21	2-3-3-2	AEU-3	LN8	2066.598	860
星期五	1-4-15-16-21	2-2-3-2	AEU-7	LN8	2088.435	740
星期六	1-13-16-21	3-3-2	AEU-7	LN8	2022.510	908
星期日	1-3-12-16-21	2-3-3-2	AEU-3	LN6	2034.035	876

选择等待时间最短班轮、班列情况的最优运输路线　　　　　　表6-33

出发日期	经过节点	运输方式	班轮	班列	成本(万元)	时间(h)
星期一	1-3-12-16-21	2-3-3-2	AEU-3	LN14	2034.035	844
星期二	1-15-16-21	2-3-2	AEM-5	LN6	2095.223	708
星期三	1-6-12-16-21	2-3-3-2	AEU-3	LN14	2041.588	796
星期四	1-6-12-16-21	2-2-3-2	AEM-1	LN6	2082.808	852
星期五	1-4-15-16-21	2-2-3-2	AEU-7	LN8	2088.435	740
星期六	1-3-12-16-21	2-3-3-2	AEU-3	LN6	2034.035	900
星期日	1-3-12-16-21	2-3-3-2	AEU-3	LN6	2034.035	876

在客户更看重成本要素(成本/时间权重为8∶2)的情况下,由上述图表可以发现,在出发时间为星期二、星期四、星期六时,两种情况下的运输时间几乎相同,但是在考虑全部班轮情况下求出的运输成本远小于选择等待时间最短的班轮、班列情况下求出的运输成本。从时间和成本的对比来看,如果仅考虑等待时间最短的班轮、班列,结果是不全面的,对比的结果也证实了本模型的有效性、正确性。

2)求解结果分析

根据客户对成本和时间的偏好度不同,下面对不同的成本/时间权重的最优运输路线进行计算,不同权重下的非劣最优解集见图6-11。

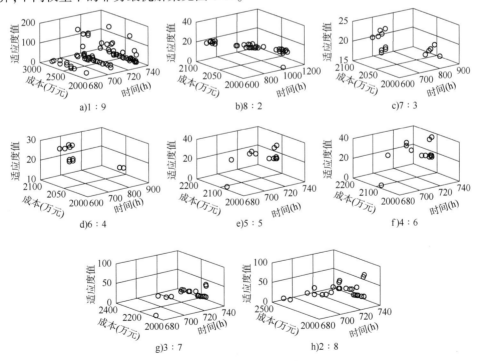

图6-11　非劣最优解集

从不同权重下求出的最优运输路线中,选择最具有代表性的成本/时间权重分别为8∶2、5∶5、2∶8的三种情况,分别列出从星期一到星期日出发的适应度得分最高的运输路线,见表6-34。

成本/时间权重分别为8∶2、5∶5、2∶8时的最优运输路线　　表6-34

权重	出发日	运输路线	运输方式	班轮号	班列号	成本(万元)	时间(h)
8∶2	星期一	1-3-12-16-21	2-3-3-2	AEU-3	LN14	2034.035	844
8∶2	星期二	1-6-12-16-21	2-3-3-2	AEU-3	LN14	2041.588	820
8∶2	星期三	1-12-16-21	3-3-2	AEU-3	LN14	2007.400	1012
8∶2	星期四	1-6-13-16-21	2-3-3-2	AEU-3	LN8	2066.598	860
8∶2	星期五	1-4-15-16-21	2-2-3-2	AEU-7	LN8	2088.435	740
8∶2	星期六	1-13-16-21	3-3-2	AEU-3	LN8	2022.510	908
8∶2	星期日	1-3-12-16-21	2-3-3-2	AEU-3	LN6	2034.035	876
5∶5	星期一	1-4-15-16-21	2-2-3-2	AEM-1	LN8	2088.435	740
5∶5	星期二	1-15-16-21	2-3-2	AEM-1	LN6	2095.223	708
5∶5	星期三	1-6-12-16-21	2-3-3-2	AEU-3	LN14	2041.588	796
5∶5	星期四	1-6-13-16-21	2-2-3-2	AEU-3	LN14	2066.598	860
5∶5	星期五	1-4-15-16-21	2-2-3-2	AEU-7	LN8	2088.435	740
5∶5	星期六	1-6-13-16-21	2-2-3-2	AEU-3	LN8	2118.203	812
5∶5	星期日	1-3-12-16-21	2-3-3-2	AEU-3	LN6	2034.035	876
2∶8	星期一	1-4-15-16-21	2-2-3-2	AEM-1	LN8	2088.435	740
2∶8	星期二	1-15-16-21	2-3-2	AEM-1	LN6	2095.223	708
2∶8	星期三	1-15-16-21	1-3-2	AEM-1	LN14	2172.803	684
2∶8	星期四	1-6-13-16-21	2-2-3-2	AEU-3	LN14	2082.808	852
2∶8	星期五	1-4-15-16-21	2-2-3-2	AEU-7	LN8	2088.435	740
2∶8	星期六	1-6-13-16-21	2-2-3-2	AEU-3	LN8	2118.203	812
2∶8	星期日	1-15-16-21	1-3-2	AEU-7	LN14	2034.035	676

根据上表绘制出成本/时间权重分别为8∶2、5∶5、2∶8三种情况下的最优运输路线的成本和时间变化,见图6-12。

图6-12可以很好地反映最优运输路线随着成本/时间权重的变化。当更加看重成本因素时,选出的最优运输路线成本低、所需运输时间较长,在我国内陆段运输过程中所选的运输方式更加偏向于内河运输或铁路运输与内河运输相结合;相反,在更加看重时间因素时,选出的

最优运输路线所需运输时间短、运输成本高，因此在我国内陆段运输过程中所选的运输方式更加偏向于公路运输或铁路运输与公路运输相结合。

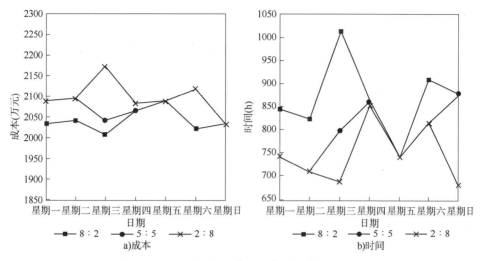

图 6-12　三种不同权重下的成本和时间变化图

在班轮和港口的选择问题上，由于海运段的运输时间明显长于我国内陆段和欧洲段的运输时间，因此班轮运输时间的长短起到决定性的作用，而班轮 AEM-1、AEU-3、AEU-7 的运输时间明显短于其他航线的班轮，因此被选中的概率大。另外，由于海运航线较少，货物到达港口的等待时间偏长，使得我国内陆段公路运输方式的快速性优势减弱。

选择不同的运输路线、运输方式来运输货物，运输的总成本相差并不是非常大。这是由于本研究的海运段运输成本采用地中海航线中国出口集装箱运价指数计算，不同的班轮即使运输时间不同，运输价格仍相同，这种计费方式更加符合实际。但由于海运段的成本在总成本中占比较大，使得成本因素的灵敏性有所降低。

根据不同的成本/时间权重分析，对于重庆工厂每周约有 100 个集装箱需要运往捷克的案例，本研究求解所得的最佳运输方案为：选择星期五作为出发时间，运输路线为重庆—长沙—深圳—希腊—捷克，运输方式为铁路运输—铁路运输—海路运输—铁路运输，在深圳搭乘的班轮为 AEU-7，在欧洲搭乘的班列为 LN8。

第 7 章　总结与展望

7.1　研究总结

本书以中欧陆海快线跨国供应链为研究对象,融合交通工程学、管理学、经济学、信息学、区块链技术等多学科理论与技术方法,针对中欧陆海快线的运输特性和运营特点,以中欧陆海快线跨国供应链控制塔技术、数据交换技术、实时跟踪技术、多式联运路径优化技术为研究内容,探讨适用于跨国供应链的一整套技术方法,对跨国供应链效率提升相关技术进行研究,提出了多项理论和技术创新,并进行示范应用。

①从全程联运管理、全球物流服务协同、物流资源合理优化、运输线路最优选择、运输方式组合衔接等方面,融合控制塔价值矩阵、技术发展趋势、数字化控制塔发展需求,建立了中欧陆海快线跨国供应链控制塔。

②从信息交换对象、数据、接口规范、应用需求等方面分析系统对接和数据交换需求,实现了涵盖数据交换基础架构、数据交换接口、数据交换触发流程、数据安全保障等内容的跨国供应链系统对接和数据交换技术,并且在中欧陆海快线希腊方 SMART-CORRIDORS 平台与中国方 MCT 系统的对接和数据交换中进行了示范应用。

③进行了基于 Petri 网的跨国供应链流程建模分析,确定了基于区块链技术的信息追溯模型,结合中欧陆海快线的示范应用,设计了跨国供应链追溯体系,提出了基于区块链的货物信息实时跟踪技术。

④根据我国内陆段、海运段、欧洲段运输成本和时间的分析,建立了中欧陆海快线海铁联运路线优化模型,并且进行了中欧陆海快线海铁联运组织优化实例分析。

7.2　前景展望

中欧陆海快线作为"海上丝绸之路"的一部分,为中国对欧洲(尤其是中东欧国家)的出口和欧洲商品输华开辟了一条新的便捷通道。中欧陆海快线的推进,将拓展中国与东欧并经东欧连接欧洲其他国家的货物运输通道,大大缩短中欧之间的货物运输时间,极大地便利双边贸易合作,具有重大政治、外交意义和社会、经济效益。

通过区块链、控制塔等先进理念和技术在中欧陆海快线的应用和推广,引进国际领先技术,将为跨境全过程系统对接、数据交换和跨境供应链物流网络优化提供基础,推动中欧陆海快线信息对接、数据交换、联运网络优化,将进一步提高物流全过程的信息化水平,降低中欧间的物流运输成本,提高供应链效率,有利于进一步带动国内相关领域的技术进步,吸引国内外越来越多的物流企业参与其中。

中欧陆海快线加速实现我国与中东欧国家之间的人员、商品、企业、资金、技术往来交流,增进当地就业水平,加深我国和中欧陆海快线沿途国家的关系,有助于中国装备、中国技术和中国标准走出去,提升我国在装备制造、技术标准等方面的国际影响力,促进中国与该地区互利共赢、共同发展。